不倫論

この生きづらい世界で
愛について考えるために

鈴木涼美

平凡社

不倫論

この生きづらい世界で愛について考えるために

不倫論　この生きづらい世界で愛について考えるために——目次

序章　たかが愛人の戯言、それとも

　その男性は四十代とは思えない引き締まった肉体を高級な、しかし下品さのないスーツに包んでＪＦＫ発成田行きのフライトに搭乗した。どこかで見た記憶はあるけれど、名前を見てもピンとこない。スパニッシュ訛りの英語とカタコトの日本語で気さくに話しかけてくる彼に、手書きのＬＩＮＥ ＩＤ付きのビジネスカードを手渡されたのは、着陸準備のためにワインのグラスを片付けに行ったときだった。職業柄、毎日のようにたまるこのような名刺には食傷気味ではあっても、嫌味のない笑顔には好感が持てたので、つい自分の連絡先も教えた。

　仕事終わりにたまたまロッカー室で会った仲良しの同僚に彼の名前を言ってみると、私も好きだよかっこいいよね、と興奮気味の反応がかえってきた。

「あの人の旦那じゃん、ほら、たまにテレビに出てる」

同僚の口から出てきたのは、名前を聞けば顔が何となく思い浮かぶ女性アスリートの名前だった。どこかで見た記憶があったのは、彼女とともに雑誌やテレビのインタビューに答える姿を覚えていたからだ。元コーチだか監督だか、鍛えられた肉体は彼自身のスポーツ界でのバックグラウンドを考えれば何も不思議ではない。

同僚の言葉に、なんだ、指輪してないと思ったのに、と答えたものの、彼の年齢や見た目を考えれば少なくともパートナーのいることは想像できたし、ちょっといいなと思った出会いに小さなオチが付くことには来年四十になろうという働く女はあまりに慣れていた。昨年代々木上原の自分の住むマンションに越してきたちょっと年下のイケメン商社マンも既婚だったし、友人と行ったアート系イベントのレセプションで声をかけてきた人気スタイリストも既婚だったし、昨年別れたテレビ局員も、彼と付き合ってるときにしつこく口説いてきた音楽プロデューサーもみんなみんな既婚だった。

自宅に帰ると早速、スパニッシュ系美形の既婚四十代から出会いを祝福する

ＬＩＮＥが届いていたけれど、可愛げを演出したいのか、「Tanoshimi!」「Arigato-ne!」などローマ字であえて日本語を交えて送られてきた文面に、彼女の心は冷ややかだった。ぜひ東京で会いたいと誘ってくる相手に、your intentionがよくわからないわ、といった趣旨の返信をすると、ぜひロマンチックな関係を深めたいのだと言う。同僚と話した後にしっかり名前で検索もして、彼がよきパートナーとして女性アスリートを支えているのは確認したし、調べる限り、つい最近も外資系の雑誌で夫婦揃ってインタビューに答えていた。離婚のりの字も出てこない。

「パートナーとうまくいっていないの？　素敵なパートナーだと思うけど」

ノリノリでデートの提案をしてくる彼に釘を刺すつもりでそう返信すると、今度は彼から着信が入る。不躾に鳴る数コールの間、考えてから通話ボタンを押した。なぜ結婚の事実を知っているのか、あるいはデートが嫌ならなぜ連絡先を交換したのか、と問い詰められると思ったので、彼の言葉はちょっと意外だった。

「もちろん僕にはパートナーがいるよ、彼女は素敵な女性だけど、だからといって、僕に死ぬまで彼女とだけセックスをしろって言うのかい？　そんな頑なな考えは人生を狭くしてしまうよ！　意外だなぁ、日本の女の子はアメリカと違ってみんなパートナーがいる僕との恋愛に前向きだし、ラブ・アフェアに肯定的な印象だったけど。二年間アメリカに住んでいたけど、みんなパートナー以外とセックスしたら呪われるみたいに思っている病気なんだよ。その点日本の女性はお金の面でフェアネスを担保さえすれば、不倫を理解して人生を楽しんでいるよね！」

これは大手航空会社に勤める友人の話。インターナショナルな不倫のお話。日本の女性のインターナショナル不倫市場での評価を垣間見た話。私たちは実に多くの既婚者に声をかけられ、情事に誘われ、それに呆れつつも不思議にも思わない日常を送っている。自分がターゲットとならないような現場であっても、飲み会や打ち上げに行けば、「妻じゃなくてカノジョ」を連れてくる中高年男性とすれ違い、時に紹介され、自慢される。友人の夫の不倫疑惑を三時間も長々と聞かされた後、「まぁ私にも彼氏はいるんだけど」と告白され、しかもその彼氏も既婚だったり、既婚の彼氏の妻にもセフレがいたりする。アプリで知り合った男性といい感じだと聞いて三ヶ月後に様子見の連絡をしたら、「ああ既婚だったよあれ」と素っ気ない返事が来る。

不倫に関する各国の事情を取材した米国のジャーナリスト、パメラ・ドラッカーマンは著作『不倫の惑星』の冒頭で「アメリカほど不倫が罪悪視されている国は、アイルランドとフィリピンの二国をのぞいてない」とし、日本についての述べた章を「お一人様用布団の謎」と題している。日本の夫婦に特徴的なのは子供を産んだ後はセックスレスになりがちなこと。家庭にセックスや恋愛を持ち込まず、男女それぞれが非日常にそれを求める。たとえば玄人女性とセックスしたり、かつて大流行した韓国ドラマ『冬のソナタ』にキュンキュンしたり。

企業文化などを調べる人と結婚事情を調べる人とでは、欧米諸国や他の外国と比較したときの日本の印象がずいぶん違うだろうと思う。終身雇用を基本としていた日本企業は「社員は家族」なんて言って実に情に厚い文化を根付かせるくせに、実際の家庭の中では「家族は社員」と言わんばかりにそれぞれが稼ぎ頭や家事担当などのロールをそつなく演じていて結構ドライ。確かにかつての日本の家族イメージが反映されたアニメ『サザエさん』や『ドラえもん』の描く家庭内に、セックスや恋愛が飛び交う様子はあまりない。おそらく波平もマスオもそれなりの歓楽街経験を持ち、フネやサザエはヨン様やヒョンビンに熱を上げていたのだろう。

しかし「社員は家族」だった熱っぽい日本企業の正社員・終身雇用の伝統が崩れつつあり、有期雇用契約やフリーランスも珍しくなくなった昨今、「家族は社員」だった日本のドライな家族像も崩れつつある。人気女優が離婚事由にセックスレスを挙げたことが話題になったことがあったが、恋愛結婚の割合がお見合い結婚と逆転した一九六〇年代以降、すでに九割近くの人が恋愛結婚を選択する時代となり、結婚や家庭も熱っぽいものに変質してきた。当然、「家族は社員」時代には寛容と思われた婚外恋愛については米国的な厳しい視線を向ける者も増えた。

二〇一六年に人気タレントとミュージシャンの不倫が報道されると、「文春砲」なんて呼ばれる週刊誌発の不倫スキャンダルが相次ぎ、タレントが仕事を自粛したり、国会議員が辞職したり、都知事選前に誰かが出馬を断念したり、全国に向かってなぜか謝罪の記者会見を開いたりと、なかなかに重い社会的制裁を目の当たりにしてきた。そしてこれまでのリスクを負ってまで婚外セックスする人なんてもういなそう、という空気が一瞬醸成されたかと思いきや、忘れた頃にまた結構大きな不倫報道が出る、ということの繰り返し。

女優やお笑いタレントには時に不倫憎悪国のアメリカ以上に清廉潔白を求める一方で、独身女性である私自身の実感として、既婚男性たち（の一部、と付け加えないといけないのであろう、ただ私のような生活をしている女性の目に入る範囲では既婚男性たちは概ねそうなのだけど）に、恋愛やセックスを家庭の内側だけに留める気など毛頭ない。そして既婚女性たちもまた前出のドラッカーマンが観察したヨン様フィーバーで巧妙に覆い隠された恋愛欲を、より具体的で直接的なセックスや恋愛として婚姻外に持ち出している。そして男性の方に顕著だった玄人好き・買春好きの傾向は、同じ国土の空気を吸った女性たちに感染しつつある。女性用風俗の存在感は疫病禍を経て、今や無視できないほど大きくなったし、ホストクラブも軒並み売上記録を伸ばした。

米国的規範を過剰にインポートし、家族、あるいはパートナーシップに対するある種のドライな態度を失う一方、家庭外に気軽に持ち出してきたポータブルでリーズナブルなセックスと恋愛はポータブルでリーズナブルなまま街中に飾られている。不倫芸能人への社会的制裁、飛び交う懲罰感情の大きさと、街中で気軽に取り引きされるプチプラなラブ・アフェアの釣り合いが取れていない。使用が見つかれば実刑間違いなしの超危険な麻薬がコンビニで売っているような感覚。だから私たちは常に混乱している。

大した宗教的信仰も持たない私たちを混乱させるのは、多様な規範がインポートされたからというだけではない。無論、恋愛感情を基礎としてモノガミー(一夫一妻制度)を築き上げる、という比較的新しい慣習が絶対的なものとなった際に、変換しきれていない結婚周縁の慣習が残っているのは否めないし、大体モノガミー自体が我々が選びとった最良の制度だという合意だってあるかどうかは怪しい。それはそれで絶え間ない不倫報道の合間に十分に検証すべき課題ではある。

加えて不倫中の人々の多くが自分の陥っている状況が不倫であると認識していない。正確にいえば、認識はしているのだけど、本当の意味で自分はそこに当てはまらないと思っている場合が結構多い。不倫と知らずに不倫している、つまり既婚であることを隠されて誰かと恋愛関係にあるという人も一定数いるが、相手の婚姻を認識していたとしても、あるいは自分が法律婚をした記憶があっても、多くの恋愛中の既婚者、あるいは既婚者と恋愛中の未婚者は、私のいる状況はいわゆる不倫とはかけ離れている、と思っている節がある。たとえば既婚者の恋愛相手をうちの彼と呼ぶのは序の口で、人によってはうちの旦那と呼んでいるなど。

状況は十人十色だ。うちの彼は確かに既婚ではあるけど妻とはもう五年以上別居していて、子供の関係で離婚はできないけど実質的にはもう家庭はなくて、だから不倫じゃない。うちの彼は前妻と会社を共同名義にしているから籍は抜いてないけど十年以上セックスはしていないし私のことしか愛してないから不倫とは違う。うちの彼は法律的には一人の妻がいるけど実際には三人と付き合っていてそれぞれに自由に子供も産ませているから普通の不倫と違う。

旦那とは離婚する気がないけど旦那は旦那でのんびり幸福に暮らしたい人だし、恋愛のゴタゴタとかが嫌いだから彼氏は彼氏で外にいて、旦那と彼氏に求めるものは全く違うから不倫というのとは違う。妻と子供のことは心から愛しているし、一切の義務を放棄していないが、仕事柄、刺激のない生活ではインスピレーションに限界があり、男性として活力を保っていることは何より大切だから不倫というより仕事の一部に近いんだよ。不倫はめんどくさいからホステスとたまに遊びに行くくらいだよ、肉体関係あるけど、釣り堀で遊んでるのと大海でマグロ船に乗るのって全然違うでしょ？

妻とは完全にもう関係がないから、色々な事情で籍が抜けないから、彼は既婚者でも不倫とは違うのと嘯《うそぶ》く誰かと、妻のことは大切にしているし、浮気相手にはお金を払っているから、僕が既婚者だからといって不倫ではないと嘯く誰かが付き合っていることもある。性的サービスや援助交際と売春にせよ、特殊景品と交換するゲームと賭博にせよ、豊かな表現で巧みに言い換えて違うものだと言い張るのは日本語の得意技で、便宜的であったはずの言葉の豊かさが内面化されていく現象も珍しくはない。風俗嬢やパパ活嬢が売春婦とは違う自意識を育てるように、不倫中の者も不倫とは違う世界を生きていてもおかしくはない。

ただし、不倫は言葉として嫌われて、「私○○じゃないし」の対象になっている割には売春のように、よりカジュアルな言い換えを求めて彷徨っているわけではない。それはおそらく売春やギャンブルのようには罰せられる切実さがないせいでもあるし、悪であると社会が断定しているわけではないという事情もある。そしてカジュアルな売春を続ける少女たちが、売春ではない、かといって恋愛では決してない、と自分らを鼓舞するのと違って、不倫中の者たちは、不倫ではない、純粋に恋愛である、と自分らを鼓舞するのである。言い換えは不必要だ。〝ただの恋愛なんだから〟。むしろ、不倫やそれに類するような言葉で名付ける必要のないことが重要なのだ。〝ただの恋愛なのだから〟。

そんな中、不倫相手については当事者ではなく非当事者によってそれなりの名前が付けられてきた。愛人、お妾さん、二号さん、セフレ、浮気相手、遊び相手、側室、現地妻、港妻、情婦などなど。特に女性に対する呼び名が多いのは、かつては階層の高い有力な男性に正妻以外にも面倒を見ている女がいる場合が多かったという事情もあろうが、女性の方が、自分のパートナーの浮気そのものだけでなく、浮気相手により強く興味を抱く傾向があるからかもしれない。実際に浮気中の男は自分の浮気相手、不倫相手を彼女や好きな子、などという不倫を思わせない名前で呼ぶのを好み、また浮気相手である女性も自虐的な冗談はさておき、愛人をあまり自称はしない。やはり浮気をされている側の正妻や正妻の肩をもつ世間によって名付けられているのだ。

自己認識としては不倫というわけじゃない、普通の不倫とは違う、であっても、顔の見えない正妻や世間から見れば愛人であり二号であり妾であり遊び相手でしかない存在。熱烈な不倫批判と、日常の中でごく自然に巻き起こる不倫の温度差を目の当たりにしながら、悪者になったり切ない乙女になったりする、そんな存在。不倫報道で断罪される既婚男性や既婚女性、同情され代弁され称賛されるそのパートナーの後ろで、特に脚光を浴びることなく、よほど面白みがない限りは代替可能な者であり続ける存在。混乱している不倫問題の中で、最もつかみどころのない存在と言える。断罪の様子を見ればどう考えてもリスクが大きいとしてもなくならず、かたやあまりにこの社会に自然に根付いている不倫の矛盾について考えるのであれば、その矛盾の要となるこの存在こそ本来的な興味を向けられるべきではないのかという思いは私の中に何となくある。

思えば不倫は文学の中に当たり前のように描かれてきたように思えるものの、その扱いもまた微妙である。当たり前に妻の他に愛人のいる文学者がぶつぶつ愛を語る一方、不倫しているというその事実だけでドラマが完成してしまう場合もあるし、ほのかに匂わせてあるだけのものもある。テレビドラマの中ではかなり際どいテーマとしてスキャンダラスに描かれ、文学の中には必然的に見え隠れする。流行歌には不倫を匂わせるものもなくはないが非常に稀である。流行歌で不倫と聞いて思いつくものは愛人目線のものが多く、文学は不倫中の既婚男性や既婚女性目線のものが多く、テレビドラマや不倫報道で世間の関心を集めるのは流行の言い方をすれば「サレ妻」や「サレ夫」のいる家庭の中が多い。現実は恐怖とともにあり、文学は色ボケし、歌は切なく泣かせる。

この本では、それら不倫を扱った主に日本の文学やドラマ作品、そして不倫ゴシップなどにも言及しながら、我々は不倫をどのように受け止めてきたのか、その「受け止め」と現実の齟齬はいかにして起こるのか、について考えていくことを主眼とする。その際に、不倫についての是非の判断は当面保留することとする。人倫にあらずと書く不倫を考えることは当然、人倫について考えることでもあり、婚姻について、愛について、家族と恋愛について考えることでもある。

生き物にとって一人のパートナーと添い遂げる、というモノガミーが必ずしも自然の形ではないということはよく指摘される。しかし多くの近代化した社会、特に西洋化した社会では家族の基礎をモノガミーに置いてきたのも事実である。この本が女性、特に結婚制度の外で特別な意図なく脅威と化している愛人の視点を多く取り入れた構成になっているのは、執筆する私自身が長く独身女性としてものを考えたり書いたりしてきたこともちろん関係している。その意味で、これが婚姻の外側から描かれ始める不倫論、恋愛論であることは併記しておくべきだろう。

第一章
不倫、愛人、純愛

意識の齟齬と不倫の類型

恋愛学に関して多数の著作のある早稲田大の森川友義は『大人の「不倫学」』[1]の中で、NHKの「日本人の性行動・性意識」、相模ゴム工業によるアンケート調査、「週刊ポスト」と「女性セブン」の調査などいくつかの定数調査をもとに、現在不倫中の男女は少なくとも男性の四人に一人、女性の六人に一人という実態を導き出している。これが一年以内の不倫経験率となると、男性の五人に三人、女性の四人に一人、人生での不倫経験率は男性の四人に三人、女性の十人に三人ということになる。なおこの数字には既婚男性の風俗不倫が入っていないという但し書きがつく。NHKなどの調査では、金銭の授受がある場合を除いた数を聞いているものが少なくないのだ。

店舗型の風俗や、せいぜい届出済みのデリバリーヘルスであればそれがいわゆる不倫と呼ばれるものと区別されるのは何となくわかるが、ではお手当付きの愛人、パパ活サイトやマッチング・アプリで出会った大抵年の若い女性に車代やお小遣いを渡してのデートはどちらに分類されるかと言われると、微妙で

(1) 森川友義『大人の「不倫学」――不貞の恋の現実(リアル)を覗き見る』(2016年)では「わが国の不倫の実態」として、相模ゴム工業による調査「ニッポンのセックス」など複数の調査をまとめている

ある。全く同じ仕組みを利用していたとしても、ある人はそれを純愛的な関係であると思い込み、ある人はあくまで広義のサービス業の利用だと考えそうなものだし、場合によってはセックスした男女であっても、お互いの認識にズレがあることは容易に想像がつく。また、風俗は不倫とは区別されるというのも、風俗愛好者の都合の良い言い訳のようにも聞こえるし、本人が区別しているというのと、配偶者がその区別を受け入れているというのもまた齟齬がありそうな問題である。

旅行先で同僚と一緒に性的サービスのある店に行く、という程度の行動にあまり動揺する配偶者はいないかもしれないが、おっぱいパブ嬢に入れ込んで、二年間同じ店に通いつめる、というとそこには少なくとも男性側の浮付いた感情があるものと見なされて仕方ない。要は、風俗か風俗でないか、お金が介在するかどうか、などの区別は全て、不倫相手となる側の意識の違いであって、お金を支払っている側の意識がそこで分かれるとは限らない。お金を支払うことで浮気の罪悪感を軽減する場合もあれば、お金を支払うことで相手の生活を何とか支えたいと考える人もいる。不倫相手の側を見ることで多少の類型は浮かび上がるものだが、それは往々にして既婚者側の意識を反映してはおらず、ソープに通い詰めている人と、職場の同僚と秘密の逢瀬を繰り返している人がたまたま全く似たような衝動を抱えているということだって十分あり得るのだ。無論、とにかく次々にその辺の女に手を出してみたい既婚男性と、ホステスの営業努力に対して勝手に純愛的な感情を育てる既婚男性のどちらが罪が軽いとかどちらが気持ちが軽いとかは一概には決められないし、どちらにより強い嫌悪感があるかというのはそれを見る者の性格による。

現在では既婚女性と未婚男性、既婚男性と未婚女性、既婚者同士、などの関係を全て不倫と呼び、芸能人などのスキャンダルでは女性の不倫の方がハレーションを起こしやすいという傾向は未だに根強いとはいえ、どれも等しく道義に反するとして断罪されることになっている。これはとても新しい状況だ。もちろん、男の浮気も女の浮気も太古の昔から存在し、クレオパトラからボヴァリー夫人まで国や文化を超えた悦びでも悩みでもあったわけだが、既婚男女の婚姻外のセックスが同じ罪の名前をつけられている現在の状況は、少なくとも近代以降の日本では戦後、つまり日本国憲法で男女平等が明記されて以降のことである。

日本が近代化し、一夫一妻の婚姻制度が成立した明治期以降、妾がどのような存在であったのかは、文学や新聞記事などを通して当時の妾制度の内実を追った石島亜由美『妾と愛人のフェミニズム』に詳しいが、階級制度の残る社会構造と、近代化による貴族や超エリート以外の成り上がり者の男性の登場と呼応する形で、経済的・社会的に劣位にある女性が婚姻関係を外部から支える構図があった。個別の家庭内でこそ色々な感情が飛び交っていただろうが、社会的にはさして不思議がられも断罪されもしないものであり、法律的な立場はすぐに剥奪されたものの階級を絞ればごく当たり前の光景であったその構図は、愛人やパパ活などと名前を変えながら現存しているとも言える。経済的な理由で既婚男性の性的・色恋的な相手をする女性は、遊女などもその起源にあるように思えるが、会社員や学生が性風俗やパパ活を兼務し得る現在、妾が遊女と棲み分けていたほどの境目はそこにはないかもしれない。前出の石島の著作の中で指摘されるように、家同士の見合い結婚が一般的であった時代に自由恋愛をする人、という新しい存在を指す言葉として採用された愛人もまた、戦後には既婚者にとっての家庭外の恋人に意味が限定されていき、愛人バンク[2]などの印象が作用してか、日常会話では金銭的な援助がある関係を指すことが多い。

　明治期にほんの一時期でも法制度の中にあった既婚男性の不倫に対して、既婚女性の不倫が社会的に許されていたことはあまりない。植島啓司は『官能教育』において、ギリシアのスパルタや十四世紀のフランスで、夫の承認のもと妻が男性と関係を結べる合法的なシステムがあったことを指摘しているが、多くの国では伝統的に罰せられることこそあれ、容認されるのは稀な例だ。日本でも刑法から姦通罪[3]が消えたのは戦後になってからで、その後も長らく男性の浮気に比べて女性のそれに厳しい視線が向けられてきたのは思い出すに容易い。男性の不倫と女性の不倫は言葉こそ同じでも歴史的に辿ってきた道や出所は全く異質だとも言えるし、もともと同じような行為を不均衡な社会意識が不公平に裁いていたとも言える。

　だから近年、既婚男性の不倫に対して週刊誌がことさら厳しく報道しているように見えるのも、女性の不倫に対して向けられてきた視線が男性の不倫にも同じく向けられるようになったと考えると、時代がそれほど潔癖になったという

（2）1980年代前半に社会現象となった、愛人を持ちたい男性と愛人になりたい女性を取り持つ男女交際仲介業者。なかでも女性社長が有名になった「夕暮れ族」は一大ブームであった

（3）妻が夫以外の男性と性交することによって、妻と相手の男とについて成立する犯罪。1947年に刑法改正で廃止された

わけではないのかもしれない。女性の不倫は歴史的には死罪だったこともあるわけで、それに比べれば女性の不倫にはかなり寛容になり、男性の不倫にはかなり厳しくなって、似たような罪と考えられるようになった。であればそれは不倫に対する意識の変化というよりは男女不均衡の是正の問題でもあるのかもしれない。いずれにせよ今でも不倫はありふれており、姦通罪もなければ妾の法的身分もない世の中で、どんな関係がより自分を深く傷つけるか、より禁断の悦びが大きいのか、脅威となるのか、許せるのか、破局を考えるほど深刻なのか、などを決めるのはそれぞれの道義と感じ方によるところが大きい。

貧困型とエリート型

未婚の者にとって不倫が異世界のことかというと全くそうではない。家族の留守を守っていた女性が橋の撮影をしていた男と恋に落ち、四日間の情事の末別れ、せめて遺灰を同じ場所に撒いてほしいと願う、そんな不倫[4]はよそ事のフ

(4) クリント・イーストウッドとメリル・ストリープ主演の『マディソン郡の橋』(1995年)は世界的に大ヒットした。

ファンタジーであったとしても、この世に既婚者の男性というのが溢れていて、自分が未婚女性であってもそのうちの誰かと何か特別な関係になることは、それほど驚くべきことではない。少し注意して見渡せば、むしろそんな関係は巷に溢れている。

裾野は広いのだ。数年前に二十四歳の知り合いの女の子から「合コンでバツイチのイケメン見つけた」と報告があった。相手は三十九歳、超有名広告代理店の営業で、昨年末に離婚したのだという。二十四歳の人材派遣会社ＯＬちゃんは、合コンの翌週の金曜に蛸のペペロンチーノが有名なイタリアンに誘われ、帰りに案の定、彼の家に行くことになった。何でも、お互いジャッキー・チェンが好きということで話が盛り上がり、ＤＶＤを観ようということになったという。

彼の家は目黒区のとても広く品のいいマンションで、離婚したてのその家には、まだ元奥さんのスリッパやら洗面用品やらが残っていた。それほど深入りしているわけでもなかった二十四歳ちゃんは特に詮索することなく、「さすがに歯ブラシくらい捨てればいいのに〜。未練タラタラじゃないの？」と軽口を叩いてジャッキー・チェン主演の映画の終盤あたりでセックスをした。

彼については特に文句なしの肩書だが、なんだか香ばしい匂いがしそうだったので、私は彼の後輩の知り合いだという大学の友人から辿り、全貌を把握した。もちろん、三十九歳営業マンは離婚などしていない。一昨年、盛大な結婚式を挙げた相手の航空会社勤務の女性が里帰り出産中に、久しぶりに参加した合コンで羽目を外した、というのが事実。「あるある」という感じの話ではあるが、「あるある」という感じすぎて実際に身の周りで起こると結構感慨深い。

図らずも不倫デビューした二十四歳ちゃんに、何の罪の意識もないだろうが、男性の妻にとっては夫を悪意を持って誘惑するホステスと同等の（あるいはそれ以上の）罪深き者になってしまったのも事実。そういったことは日常的に起こり得る。二十四歳ちゃんは罪の意識がないどころか、自分こそ被害者だと思っているだろうし、それはそれである意味では正しいのだが、それでも彼女は知らぬ間に不倫当事者になっていたわけで、立場が立場なら週刊誌にすっぱ抜かれてCMやレギュラー番組を降板させられたかもしれない。彼女はベッキーではないのでそこまでいかなくとも、誰かに責め立てられたり、慰謝料を請求されたり、SNSアカウントを閉鎖せざるを得ない状況に陥ったりすることはあるかもしれない。

不倫という言葉の範囲は広いが、少なくとも閑職に追いやられた直後に出会った書道教室の女性講師とものすごく開放的なセックスを重ねる[5]、というようなファンタジーはむしろ稀少なケースで、実際の不倫がもっと身近で日常生活と地続きの場所にあるというのはおそらく間違いない。だからこそ、ファンタジーとしての不倫は広く受け入れられ、事実としての不倫はアレルギー反応のように拒絶される。

現在の未婚女性の立場から見たとき、リアルな不倫を乱暴に二つに分けると、一方が貧困故の不倫、もう片方が富裕故の不倫となる。前者の関係者が全員生活に困窮しているというわけではなく、金銭の授受がなければ成立しない関係であるのを前者、なくても成立するのが後者と分けてもそれほど大きくは違わない。

前者は、男の方が金持ちの道楽、女の方が生活のために結ばれるタイプの、いつの時代も絶え間なく続いてきた階級差を前提とした不倫の系譜である。妾

(5)渡辺淳一『失楽園』(1997年)。1995年9月から日経新聞に連載され、1997年放送のテレビドラマでは川島なお美が主演し話題に

や愛人バンクなどがそうだし、既婚男性に対して営業をかけ、時に肌を重ねるホステスや風俗嬢もそちらに属すると考える。クラブホステスの枕営業や、ソープ嬢の接客が不倫にカウントされるか否かは状況によって微妙だが、現在でこちらのクラスタの主流となっているのは「交際クラブ」や「パパ活」である。

専用アプリなどが普及する前、二〇一〇年代にパパ活の温床となった交際クラブは男性会員に対し、一定の金額をもらって女性を紹介するシステムであったが、ただのマッチングではなく、ほぼ全ての女性が「お食事とホテルでのお付き合い」についてそれぞれ値段をつけている。ホステスや風俗嬢ではなくあくまで素人女性と出会いたいという男性の需要と、ホステスや風俗の仕事をしないでお小遣い稼ぎをしたい、効率の良い副業が欲しいという女性の需要にアピールし、成功を収めた。一時期社会問題のように話題になった愛人バンクとほぼ同じシステムだが、継続的ではなく週末だけ気軽に何度か、という意識の女性が比較的多いのは明確に値段をつけているからだろうか。

実際のところ、女性の側の登録はいわゆる夜職の女性の副業となっている場合が多いが、それでも若くまだ収入が安定しない学生やＯＬの週末ワークとしても注目されており、平均的な「お食事とホテル」の金額は五万円、とそれほど高額なわけでもなかった。男性としては、若い女の子と「付き合って」、少しお小遣いをあげているという感覚で利用できる。

しかし、女性の側からすると、あくまで金額を設定して男性からの誘いを待つため、「自分の意志とは関係なく起こる」ということはまずあり得ない。これが貧困不倫の特徴である。男性側からすればある種の恋愛の一形態になり得るが、女性にとっては仕事の一形態という側面が大きく、全く意志がないのに巻き込まれたり、知らぬ間に抜け出せなくなっていたりすることがない。背徳感があったところで、それは大部分が売春的なものに対する感情であって、不貞行為に対するものではなく、ゆえに罪悪感も、逆に被害者意識もほとんどない。

対して、後者である富裕故の不倫は、エリート型と名付け直してもよいが、極めて現代的な意味で進化を遂げている。徐々に女性の社会進出が盛んになっていった一九七〇～八〇年代に不倫は、キャリア志向が強い前衛的な女性の気をつけるべき落とし穴というイメージが強かった。結婚を第一条件とせずに男性を選ぶ可能性があるのは、生活のための結婚をしなくとも生きていける可能性が高いキャリアウーマンだったからだ。自由恋愛をする愛人という言葉が婚姻外の恋人という意味に矮小化していった経緯もそのあたりに理由がある。

そこから女性の社会的地位や就業率は鈍い速度ながらも上昇。生活のための結婚を急ぐわけでもなく、自分の収入で生きていける女性は飛躍的に増えた。逆に離婚率の上昇や会社員の安定収入神話が壊れたことなどによって、結婚に対する「生活を安定させるための条件」というイメージは年々薄れている。

そういった状況で、仕事をする女性における不倫予備軍の割合は増加の一途を辿る。それは「今は仕事が楽しいから、生活の邪魔にならない不倫くらいがちょうどいい」と考える比較的不倫意識が濃厚な層から、結婚してくれるかどうかを必要最低条件に入れずに恋愛をしていたらたまたま既婚男性とぶつかった、という層まで広がる。別に養ってくれなくてもいいから充実したセックスライフを送りたい、自分の仕事が忙しい平日は会わずに金曜の夜から土曜日だけ会える彼氏が欲しい、など願望は人それぞれである。

自分の収入が安定していればいるほど、充実した仕事を持っていればいるほど、結婚したいという邪念がなければないほど、男性を見る目はいい言い方をすれば純粋なものになり、相手が結婚に不向きであっても気にせず恋に落ちてしまうことがある。それは低収入であったり、社会的地位が安定しなかったりする男性を選ぶことがあると同時に、既婚者を選んでしまうこともあるということだ。意識的にではなく、無意識的に。そもそも結婚してくれるかどうかに重きを置いて男性を眼差す癖がなければ、相手の薬指などよく見ていないものだ。ここに、富裕不倫の特性がある。

仕事で立身出世する気がなく、相対的に結婚願望が強い女性は、よくも悪くも既婚男性などはそもそも眼中にない場合が多い。逆に言えば別に本人としては既婚男性を選んでいるつもりがなくともなぜか既婚者と恋に落ちがち、という女性は、ある意味では純粋で、結婚して生活を安定させようだとか、あわよくば主婦になりたいといった計算なく男性を眼差している女である。そうした態度は総じて自分で生活を安定させることができる、人生に余裕がある人にしか成し得ないものであると言える。当然、自分のことをハナから圏外指定してくる女と、そういうことはあまり考えず分け隔てなく接してくる女であれば、男性が後者と恋に落ちる可能性も高い。

望んでいるかどうかはまた別問題とはいえ自覚的にしか起こり得ない貧困不倫に比べて、自分の意志とは無関係に起こるかもしれない富裕不倫は、自分の良識のコントロール下に置ききれない厄介さがある。前出の二十四歳人材派遣会社ＯＬちゃんも、全く意識しないまま不倫に足を突っ込む羽目になった。

なぜ厄介かといえば、結婚の効力が悲観的な意味では緩くなっている現在にあっても、あるいは不倫が必ずしも罪悪感や悪意、計算などのもとに起こっているわけではない状況にあっても、その言葉の持つ破壊力が全く衰えていないからだ。むしろ、一度明るみに出てしまえば、タイミングや状況によっては自分にとってものすごく負うものの大きい危険な事件になる。

さらに、誰もが情報を発信できる社会は、同時に誰でも誰かの発信情報の受信者になる社会でもあり、さらに誰でもが攻撃者になれる社会でもある。たとえば既婚カップルのどちらかが、どちらかの交友関係をＳＮＳで検索し、何か疑惑を持つことも簡単だし、そのうちの誰かとの不自然な関係を糾弾すべく直接アクセスすることも可能だ。

誇り高き働く女性たちは、こういったリスクをどうヘッジできるだろうか。まずは自分にとってカジュアルに感じられるものが、必ずしも万人にとってカジュアルではないことに自覚的であるべきなのだろう。自分の感じている不倫の温度は、たとえば相手のパートナー女性の感じる温度と往々にして全く違う。女性の価値観が多様化している昨今、当事者同士にはなくとも職場内や友達の中に温度差があり、信頼して話したつもりが反感を買う、ということも十分あり得る。

また、女性が相手を破滅させたいと願うほど恨んだり嫌悪したりする際に、必ずそこにはコンプレックスや妬みがある。自分より綺麗、自分より収入がある、自分より恵まれている、など。単純に男を取られる恨みよりも、ともすればそちらの方が大きく女性を動かす。逆に、自分がある程度の優越感を感じられれば女性の態度は軟化しやすい。

結局、今の女性のSNS発信が嫌に自虐的な色合いが強いのも、そういったリスクを半ば本能的に嗅ぎとってヘッジする力が働いているからかもしれない。自立した女性にとって不倫は、自分の将来のためにならない、自分にとって不毛である、というデメリットよりも、何かのタイミングで炎上や攻撃の対象になるリスクとして節制した方が、よほど現実的なのである。

感情と実益

既婚男性との恋愛を「貧困型」と「エリート型」とあえて乱暴に代表的な二類型に分けたところで、それで拾いきれない不倫の形はいくらでも考えつく。

記憶に新しいところで言えば人気ドラマシリーズ『昼顔』[6]の映画版の結末が残酷なものであったように、不倫に足を突っ込んだ人には何らかのペナルティが科される、というのはお茶の間が喜ぶ展開である。特に女性が既婚者である不倫をドラマチックに描いた物語は、『失楽園』[7]にしろ『ボヴァリー夫人』[8]にしろ、悲劇的なラストが約束されている。そう考えると二〇一〇年代後半から続く芸能人の大げさな不倫報道も、単に人を簡単に裁くのが好まれる時代だという以前に、根本的で本能的な拒絶は昔からずっとあるとも考えられる。

(6)『昼顔〜平日午後3時の恋人たち〜』(2014年、フジテレビ系)。井上由美子脚本、上戸彩主演。ドラマの三年後を描く映画『昼顔』は2017年に公開された

(7)(5)の『失楽園』は書籍刊行した同年にドラマ・映画化され、240万部を超えるミリオンセラーとなった

(8)ギュスターヴ・フローベル『ボヴァリー夫人』(1857年)。平凡な結婚生活に倦んだボヴァリーが不倫の末に破滅していくという19世紀フランス文学の名作

不倫が忌み嫌われる理由の一つに、ものすごく愛し合っているにせよそれなりに惰性の関係であるにせよ、された妻や夫から、世界で一人だけしか救えない状況になったとき、必ずこの人だけは自分を選ぶであろうという希望を奪うから、という切実なものがあると思う。少なくとも彼、彼女だけは自分を救ってくれるだろう、という辛うじてある希望を失うことは、人間にとって耐え難く心細いものである。『昼顔』は映画となってより一層、妻の不安と絶望を顕著に描いていた。

もちろん、自分の味方になってくれる人を増やし、守ってくれる人を増やすというのは誰にとっても人生の一側面であり、幸運な星の下に生まれ、またそこに甘んじずに努力すれば「社長のためになら自分が犠牲になってもいい」という部下を多く持つかもしれないし、「何よりも優先すべきはタクヤ」というファンを増やすかもしれないが、多くの凡人たちにとってそれは結婚して生涯ともに歩もうと誓った相手たった一人の票しか期待できない。また、運が悪ければそれすらも手に入らない者もいるし、せっかく手に入れたのに失う危機もあるというわけだ。人は必ず死ぬので、飛行機事故で同時に他界するなど特殊な場合を除いて、たとえ伴侶を得たとしても少なくとも夫婦のどちらかはいずれかのタイミングでそれを喪失するのだが。

物議を醸したことで覚えている方もいるだろうが、二〇一四年に判決が出た銀座ホステス枕営業裁判(9)というものがある。裁判を起こしたのは女性で、夫と銀座のクラブのママが長年にわたって深い仲にあったことで精神的な苦痛を強いられたとしてクラブのママに慰謝料を求めたものだ。裁判官は不貞行為の事実の追及に重きを置かず、クラブホステスにとって「枕営業」というのは営業行為であるとしてその訴えを退けた。少なくとも先のたとえで言えば、金銭的な繋がりがあった場合の方がパートナーの、あるいは裁判の心証はよい場合が多い。もちろん、現実の家庭の経済的な逼迫状況によっては、お金のかかっている関係の方がより強く呪われるだろうから、時と場合によることはよる。この裁判は訴えられたのがホステスであったことから、夫の感情には注目せずにホステスの側の論理に則ったわけだが、基本的に世間が不倫を見るときも、不倫の類型は不倫相手の論理で分けられることが多いと思う。

先のエリート型の不倫と貧困型の不倫は、少し軸を変えて「純愛型」の不倫

(9) 妻がホステスを相手取り400万円の損害賠償を求めたが、「枕営業は妻に対する不法行為ではない」とした判決内容が話題を呼んだ

と「愛人型」の不倫と言ってもいいし、少し男性の感情の方へ寄せて「感情型」の不倫と「理性型」の不倫と言ってもいい。それこそ『昼顔』の紗和（上戸彩）と北野（斎藤工）のようにお互いどうしようもなく惹かれ合い、結婚している自分や相手の事情など考えられないほど愛し合うのと、クラブに通ってホステスと寝るのとで妻や世間の受ける印象が違うのは、男の側の気持ちに大きな差があるからというよりは、不倫相手の属性や目的に大きな差があるからだろう。

裁判の結果は「イエ」に対する責任愛と、遊女や芸妓を愛《め》でる愛とは別物であり、妻と妾や愛人は別物であるという伝統的にはありふれた考え方に基づいている。オヤジ臭い判決という印象を帯びるのはそのせいだが、妻と妾の出自に明らかな階級差があった時代と比べると現在の不倫を貧困／富裕、理性／感情などとうまく峻別するのは実はとても難儀だ。妾の時代であっても、それをある種のステイタスとして、やや面倒と思いながらも人に勧められるまま囲っている人と、妻との時間を犠牲にしてでも一緒にいる時間を尊んでいた人とでは、単純に同じ制度の中にいても同じ行為であるという意識は稀薄だったろうと思う。

　まして現在、パパ活女子にいくらかのお小遣いをあげて食事やセックスに励む既婚男性が、妻への愛とパパ活女子への愛をうまく使い分けている者ばかりだとはあまり思えない。キャバクラに通いつめる客たちもまたしかりである。あるいは、愛の使い分けができていて、妻や家庭への愛はまた別の確固としたものとして保存されていたのだとしても、交際嬢やキャバ嬢への愛もまた、情けなく滑稽ですがるように真剣なものであったりする。それは何も人が自由になったからではなく、正妻と妾のような身分差が、夫と同じ大学を出た妻とパパ活女子の間に明確には存在しないため、かつてほどは女にはいくつも種類がいて、それぞれがそれぞれの持ち場で自分を支えてくれるのだという勘違いがしにくくなっているからかもしれない。同じ大学を出た妻は風俗バイトを経験しているかもしれないし、パパ活女子は来年自分がかつて諦めた国家公務員試験を突破するかもしれない。

　結局、不倫を何かしらの類型に峻別するならば、既婚者ではない側の心持ちに注目するしかないように思える。既婚男性と独身女性であれば、女性側が何目的であるか、というのがそれを決定しているに過ぎず、男性の側にそれを真実か虚構か、純愛か遊びかとする決定権はない。銀座ホステスと『昼顔』の紗和（上戸彩）では女性側の心持ちはまるで違うが、恋い焦がれていた男性側の感情に大差があるかなんてわからない。先の裁判の判決がホステス側からすれば理にかなったものであり、妻側からすれば全く要領を得ないものであるのもそのせいだし、不倫の種類が男を裁く材料にならないのもそれが理由だ。

別に貧乏臭い格好をしているかどうかとか、収入がどれだけあるかにかかわらず男性の金銭的な援助を目的とした関係を貧困型と呼んだが、枕営業をするキャバ嬢や愛人バンクに登録した女性たちに加えて、いわゆる玄人でなく、お小遣いや自分では買えないようなプレゼント、自分では入れないような店やホテルのスイートに目が眩んで港区あたりでおじさんたちを弄ぶ女子たちも含めて理性型と呼んだ場合、その対極にあるのはなんだろうかと考えると意外と難しい。

先にエリート型と呼んだ、既婚者との付き合いくらいが手がかからなくてちょうどいいと考える女性は金銭とはまた別の実益を求めた理性型とくれるような気がする。そうするとそれこそ『昼顔』で上戸彩が演じていた主人公のように理性を超える恋に落ちてしまった女性、既婚者かどうかを気にせずに付き合ってしまった女性、あるいは、特にお小遣いやプレゼント目的ではないが、スリルや切なさを求めて不倫をする女性らは理性とはまた別のものに動かされているように思える。

交際クラブで出会うなど典型的な「貧困型」として理性で始まった不倫だって、純愛の色を帯びてくることだってある。ドラマ化もされた有吉佐和子『不信のとき』[10]では、主人公の男性の不倫相手はホステスだが、そこに描かれるのはどちらかと言えば純愛型の愛憎劇で、女性の方も理性と金銭を超えた関係を所望しているように見える。ただ、それが分類の垣根を超えてくるかこないかというのも所詮、女性の方が思いの外本気で好きになってしまったのか、あるいはどんなに甘い言葉を口で言っても結局は金の切れ目が縁の切れ目でしかないのか、というホステス側の事情によるのであって、既婚男の方に決定権はない。

男に決定権がないというのはつまり、男の罪は等しく重いということである

(10) 有吉佐和子『不信のとき』(1968年)。2006年に『不信のとき～ウーマン・ウォーズ～』(フジテレビ系)として米倉涼子主演でドラマ化された

し、妻の不快感や苦しみも大小の差がないということでもある。ただ、それで妻の不快感や苦しみが「一種類しかない」ということにはならない。

実は妻の側から見ると、不倫に対する憎むべきポイントというのは微妙に違う。純愛型の不倫は、『昼顔』の北野がそうしようとしたように、妻の立場が揺らぐ可能性を孕む。つまり不倫相手は妻にとって脅威となるわけで、奪われる不安や自分の居場所がなくなる焦りによって苦しむのは当然だ。先に述べたように、不倫への一般的な意味での拒絶反応も、この奪うものに対する恐れと嫌悪感からきているのはおそらく間違いない。

対して、理性型の女たち、つまり何かしらの目的があって既婚男性の相手をする女が妻の座を奪う脅威となるかというとそれは可能性として低い。そもそも妻の座を狙っていない場合が多いし、ただの金目当てや玄人系の場合、既婚男性とは別に本命の恋人がちゃんといるという女の子だっている。女にその気がなければさすがに男性が妻との関係を断ち切ってまで乗り換えるということは考えにくい。妻が怒って夫婦関係が解消されたからといって、夫のもとにその相手が駆け寄ってきてくれるわけではないし、先の裁判長のようなやや伝統的なオヤジ臭い感覚の男性であれば、妻は良家の貞節な女が、愛人は美しいホステスがよいと思っている場合もあり、その場合は、後者を正妻にしようとは全く思っていない。

だからといって罪が軽いということにならないのは、何も人の傷というのは奪われる恐怖や居場所を失う絶望といった『昼顔』の妻的なものによってのみつけられるものではなく、別の形でつけられた、やはり耐え難いものだってあるからだ。それはたとえば自尊心が傷つくという苦しみ、バカにされていることへの苛立ちである。自分が（少なくとも形上は）愛している旦那を、金づると嘲笑って利用し、利用しておいて影で「キモいオヤジ」だと蔑《さげす》む女がいるとき、そしてそんなことにも気付かず束の間の恋にうつつを抜かす自分の夫がいるとき、妻のプライドはとても揺さぶられる。それは自分自身がバカにされ見くびられているのと同等の、あるいはそれ以上の苦しみなのかもしれない。

おそらく妻自身もそれほどはっきりと区別して憎んでいるような類のものではないのかもしれないが、たとえば「別にお前と別れるわけではない」だとか「ただの遊びのつもりだった」という言い訳が、あるいは「所詮、浮気相手だよ、あなたの座は揺らがないよ」という慰めが時に見当違いな響きしか持たないのは、傷のつき方にも形の違いがあるからだ。銀座ホステスが何も妻の座を奪おうとも彼らの関係を壊そうとも思っていなかったと考えたのであろう判決は、ホステス側から見て正しいものであっても、精神的苦痛を感じた妻の訴えと夫の罪をなきものとするに足る論理ではない。そう考えると「風俗は別物だよ」なんて言う男性の論理は、人の傷がどのようにしてできるかについて何の自覚もないという意味で、大変空虚なものに聞こえる。

その関係に求めるもの

「もともと人間は生きている限り人を愛するようにできているわけで、一人を選んだら一生他の相手を拒絶しなければいけないという方が不自然だったのではないか」。これは植島啓司の言葉だが、彼は六十六歳のときに出版した『官能教育』の冒頭で、「年をとると男には楽しいことがほとんど何もない」とやや悲観的な現状認識を述べ、そしてそのときに思い至る一つの真実として「好きな人がいなければこの人生は生きるに値しない」という命題を提示する。

近代以降の社会を安定させてきたモノガミーとそれに基づく法律婚制度を軽んじるほど革新的な人間は日本では未だ少数だが、「好きな人がいなければこの人生は生きるに値しない」とするならば、それを結婚制度のもとに選んだパートナーだけに求め、押しつけるのも少々無理があると言える。妻や家庭を大切にすることと、愛についての感情やちょっとした冒険心に素直に従うことは、決して相反することではない。というのは、浮気性で、しかし妻をこの上なく愛し、妻の死に際には仕事も社会生活も放り投げて看病した父を見て育った、私の正直な感想だ。

ジャック・アタリらの研究に詳しいが、古代ギリシアで男たちは愛を、[11] エロス（性愛）・フィリア（友愛）・アガペー（人類愛）の三種類に分けて捉えていたという。いかにも男の都合的な考え方ではあるが、おそらく彼らの眼前に立ち現れる女たちは、そのような男の都合を何となく悟った上で、自覚的に自分に求められる愛の形を体現していたのではないか、と思う。つまり、決して妻や友人

（11）ジャック・アタリ、ステファニー・ボンヴィシニ『図説「愛」の歴史』（2009年）

と同じ形ではなくとも、愛人を満足のいくように愛し、また自らもそれらの愛に溺れることは可能なはずだ。

ただし、やや道徳的に過ぎ、また窮屈なルールを他者を糾弾したり縛りつけたりすることでなんとかやり過ごそうとする現在の日本の状況を考えると、不倫トラブルなどは最も足元をすくう材料にされやすい、できれば避けたい事柄でもある。本音を言えば、人にとやかく言われる筋合いがあるようなことではないのだが、少なくとも結婚したパートナーや家族に事実が知られれば人を傷つけるし、自分が「別物」として大切にするはずだったものまで失いかねない。そういったことを避けるためにも、まずは相手を見極めることが、最低限の大人のマナーだと言える。

私の友人で、外資系の証券会社に勤めるヨシミ（仮名）は、自他ともに認めるオジサマ好きな女性である。学生時代に付き合っていたのも多くが四十代以上、最も若かった恋人も十二歳年上で、逆に同年代や年下との恋愛経験はない。現在三十五歳の彼女が年上の、落ち着いた男性と出会うとしたら、自然と相手側が既婚者の場合が多く、現時点でも五十代後半で会社経営者の既婚男性とすでに二年近く恋人同士の付き合いを続けている。

彼女の生活は、かなり忙しい。当然、月~金曜は仕事だが、土曜日も高確率で出勤する。仕事が立て込んでいる時期は睡眠時間を削られるほど帰宅が遅くなる場合もあり、彼女の言葉を借りれば「フルタイムの恋愛は無理」ということになる。仕事のない土曜や日曜は、女同士の食事や買い物の予定も入るし、彼女の性格的に美容にいっさい手を抜かずに高収入の仕事を続けることを重視しているため、ネイルサロン、美容院、美容皮膚科、骨盤矯正など通っているサロンはかなり多い。

一方、五十代の経営者も基本的には多忙で、家族と暮らす横浜市の自宅の他に、仕事にも使うマンションを麻布に借りており、もともと週のうち二~三日はそちらに泊まっていた。当然、会食や飲みに行く予定も多く、ヨシミと会うのはその多くが深夜、ヨシミの六本木の自宅となることが多い。当初、麻布のマンションに何度か招かれて行ったこともあったが、化粧品や洗面用具が揃わない部屋に泊まると余計な手間がかかることもあり、彼女の家でちょっとした食事をしたり、セックスをしたりする関係に落ち着いた。会うのは週に一回か多くても二回。お互いの忙しい時期が重なれば二週間くらいは会わないこともある。

それほどコソコソした関係でもなく、たまたま都合がつけば、彼の知っている店で外食をすることもある。贅沢好きでレストランには特にうるさいヨシミが、彼と長く付き合うほど居心地よく感じるのは、そういったタイミングの店選びを間違えないことや、彼が自分で運転するのが好きなためにあまりお酒を飲まないことなど、いくつかある。彼女の家に泊まれば基本的にセックスはするが、お互い疲れているとせずに寝てしまうこともある。夕食はそれぞれ別にとったときでも、朝起きると必ず一緒にコーヒーとフルーツとパンかヨーグルトの簡単な朝食を食べる。お互いスマホで仕事のメールをチェックしていることもあり、ものすごく会話が弾むわけではないが、ちょっとした会話だけでもその時間はかけがえのないものなのだと彼女は言う。

彼女の言い分はこうだ。「一生結婚しないって決めてるわけじゃないし、子供が全然欲しくないわけじゃないけど、正直、今は今の彼以上の人は想像できないし、こういう理想的な関係が、たとえば未婚の同い年の人と結べるかっていうと難しいとも思う。経済的な余裕とか、年上だから振る舞いがスマートだとか、そういうこともちろんあるけど、結婚して私を幸せにするっていうのができないっていう負い目があるからか、その分普通の男の人より一緒にいるときはものすごく優しくて、尽くしてくれて、望むこと全部してくれる」。

彼女のようなスタイルの恋愛は、極めて現代的で理にかなったものだ。私が先に便宜的に富裕ゆえの不倫と呼んだ、エリート女性が陥りやすい関係でもある。つまり、女性が完全に自立しており、生活能力も収入も高い場合、結婚に求めることが少なく、結果として忙しい自分に都合がよく、居心地よく接してくれる既婚男性との不倫関係に落ち着きやすい。ただし、既婚男性と恋愛するエリート女性たちを間近で見ると、当然彼女たちが皆似たような恋を求めているはずもなく、刺激を求めるタイプ、都合を優先するタイプ、感情が暴走するタイプ、など様々だ。刺激を求めるタイプの女性は、不倫であることや障害があることに陶酔している場合が多いため、既婚者に対するハードルは低いが、何かと波風をたてて劇場型の恋愛を求めるために、周囲に関係がバレたり、ひどい場合は家族を巻き込んだりする可能性もある。感情が暴走するタイプは、もともと既婚者とわかって付き合ったものの、不倫関係ではどうしても飽き足らなくなって、彼の結婚生活の破綻を望んだり独占欲が過度に表出したりする。

ヨシミのように、自分自身の仕事の優先順位が高く、また私生活にしても、美容や女友達との予定など、それなりにタスクが混み合っている女性は、一見ご都合主義でやや冷たい印象を持たれるが、実は既婚男性との恋愛が最も安定する。相手が既婚であることにそれなりに自分の方もメリットを感じており、また本人の側にも守るべき生活があるために大きなトラブルや関係の破綻に繋がるような行動はあまり取らない。本人同士のストレスが少ないせいか、二人でいる時間は充実して穏やかであるらしい。

一方、ヨシミとはまた別のタイプで安定した関係を紡いでいる者たちもいる。先に貧困型愛人と名付けたような、別にものすごく家が貧しいとか、収入が極端に低いとは限らないが、関係に求めるものが、金銭つまりお小遣いであったり、あるいは自分では手の届かない金額の食事やブランド品だったりするタイプの女性たちである。広義で考えれば、ホステスや風俗嬢もこちらのタイプにあたる。

求めているのが刺激や過度な愛情ではない分、彼女たちもトラブルをわざわざ巻き起こすことは大変稀である。基本的に、目的である対価（お金なりものなり）を与え続ければ関係を安定させることはそれほど難しくない。ただ、貧困型愛人にだって恋愛色の濃淡や求めるものの違いはあり、言ってみればホステスや風俗嬢のようにほとんど仕事として既婚男性との性的な関係を捉える完全割り切りタイプ、何かしら事情があって経済的に余裕がある人の援助を求める切実タイプ、あまり何も考えていないが華やかなものに憧れがあるラッキータイプという具合だ。

完全割り切りタイプに感情をのせて付き合うのはかなり難しい。相手方には自分と全く違ったタイプの、若い本命の恋人がいる場合も多く、また金銭的なメリット以外に既婚男性に魅力を感じていないので、こちらもかなり冷静に割り切った態度で臨まないと、自分も傷つくし、相手にも重たがられる。切実タイプは、当初はこちらも力になってあげているつもりで頼られる快感を得られるかもしれないが、事情によっては解決してすぐにころっと態度を変えられる場合もあるし、そもそも女は贅沢をし出すと性格や当初の事情が変わることもある。

ヨシミとはまた別の友人で二十六歳のホノカ（仮名）は、ラッキータイプと呼べるかもしれない。彼女の場合、とにかく付き合う男性がころころ変わる。総じて年上で、十歳以上年上の既婚者のこともあれば、五歳年上の未婚者のこともある。条件は、車を持っていて、時々ラグジュアリーホテルに連れて行ってくれる人。もちろん、プレゼントの類は歓迎するし、行ったことのないレストランに連れて行ってもらうと私たちにさりげなく自慢してくる。現金だが、彼女のような身軽さは若い女性の魅力でもあるし、彼女自身に被害者意識がないために、関係をわざわざ破綻させたり結婚生活の邪魔をしたり、そんな無意味なことはしない。

傷を左右する不倫相手

八年前に他界した私の母が、同世代の友人であるT夫人とよく議論していた話題がある。要は、どういった浮気が最も許せないか、という話で、両者とも遊び好きな旦那を持ちながら、その浮気の仕方には違いがあったため、こっちの方が悪質だとかそちらの方がまだマシだとか言い合うのだけど、どちらの言い分にもそれなりの説得力があり、結構白熱する。そして悪いものは悪いとか、罪に優劣がないとかいって議論を終わらせてしまうよりも、幼心に少し踏み込んだ複雑な心理を垣間見た気がした。

私の母の夫、つまり私の父は遊び人ではあったものの、プレイボーイとかモテモテとかいうこととは無縁で、仕事やプライベートで出会う普通の女性というよりは、夜の蝶を相手にお金を払って遊ぶ人であった。ただそれも、たまの息抜きにちょっと夜のお店に行くとかいうレベルではなく、しっかり浮気と呼べるレベルで入れ込んでいくタイプだったらしいが。対して母と言い合っていたT夫人の夫は、そういったお店で酒を飲むことは一切なく、仕事で知り合った独身女性との恋愛を楽しむ人で、端正な容姿のおかげもあってか、浮気で散財するようなことはほとんどなかった。

経済的に特別豊かというわけではなかった我が家の母の方の言い分としては、

恋愛を楽しんだところで多くの男性は家庭を壊してまで恋情を優先することはあまりないし、どうせ戻ってくるのであれば、家計を圧迫する父のような遊び方よりも、淡い恋心の動きや女性を口説き落とす行為自体を楽しむ方が実害がない、ということだった。それに、夜の店の、いわば玄人の女性というのは、客として出会った男性の人柄や頭脳ではなく、財布の中身を愛しているイメージが強く、何となく上から目線で自分の夫が見くびられているような気がして腹が立つ、といった事情もあったようだ。父から見て年上の妻であり、研究者でもあった母の、若く見た目が華やかな女性への独特の嫉妬混じりの偏見も大いにあったように思う。

対してT夫人は、夜職の女性を相手にしている方が遊びに節操がある、というものだった。彼女の夫が相手に選ぶような女性は、ホステスと違って彼が家庭を持っていることに対する配慮がなく、わがままで、ともすれば妻と別れてほしいとすら願うようになる。男女など、関係に多少でもお金を介することによって、これが遊びである、という線引きをするものなので、純粋に恋愛感情だけで結ばれるような関係では相手の女性に割り切った態度は望めず、家庭を壊そうだとか探りを入れようなどと画策するようになればその方が実害が大きい、という。万が一夫が血迷えば家庭の危機だし、たとえ夫の方に確固とした線引きがあって家庭自体が壊れることがなかったとしても、逆にその場合は相手の女性に強い我慢や深い傷を負うことを強いることになり、そうすれば逆恨みなどの危険性だってある。

隣の芝生は青く見えるというような意味で、互いにそっちの方がまだマシだと自虐していただけではあるのだけど、この二択を女性の前に突きつけると結構意見が割れる。浮気や不倫は嫌だ・よくないと言ってしまえば元も子もないが、実際は嫌だとかよくないにも濃淡があるのが現実で、その濃淡の形は人によって様々だ。コンプレックスや家庭の事情、夫のキャラクターや夫婦関係、自分の生活や仕事などあらゆる要素によって何を不快と思うかは複雑に決まる。

数年前にブームのようにマスコミを賑わせた有名人の不倫スキャンダルを報じる記事でも、その様子の深刻さやその後の展開にはそれぞれ大きな温度差があった。もちろんそもそもの夫婦関係によって反応が分かれるのは当然だが、そこには浮気の種類や浮気相手の属性も大きく関係しているように思う。世間の反応や仕事への影響に大きな落差があるのも、その有名人の実力や好感度の他に、最も人を傷つける形の不倫なのか、家庭を壊す不倫なのか、あるいは叱って許せる不倫なのか、意外にも敏感に嗅ぎとる臭覚を、世間の方も持っていた、とも考えられる。

夫婦関係を終わらせるつもりが最初からある場合は全く話が別だが、夫婦関係の存続を望む場合に、それでも余りある火遊び衝動を恋愛に向けたいのであれば、同じ浮気でもパートナーを傷つける度合いが大きく違うことを自覚するべきだし、自分のパートナーがどんなことに敏感か、何を一番嫌がり苦痛と感じるかを知ろうという意識が必要だということだろう。各所でこの指摘があまりなされないのは、浮気の一部を肯定し、免罪するように捉えられるからだが、現実では浮気の一部は傷を伴いながらも免罪されているわけだし、逆に最後まで許されない浮気も存在するのだから、これは真理のように思える。以前、男性向けファッション誌[12]の、お金や満足のいく仕事を持つ男性がやり残したことを消化していく、という企画の中で、愛人に溺れるという項目の原稿を書いたとき、私が最も強調したのもその点である。

(12)「ちょいワルオヤジ」の「LEON」で編集長を務めた岸田一郎が中心となり、2017年に創刊した「GG(ジジ)」は50~60代のシニア富裕層向けファッション誌として話題を集めたが、不景気な時代に高級路線すぎたのか一年とちょっとで突然休刊したとある企画で女性に向けて、恋人や旦那の浮気について次のようなアンケートをとったことがある。美人と浮気されるのとブスと浮気されるのでは、どちらが嫌か。自分と同年代と浮気されるのと、自分より若い女性と浮気されるのと、自分より年上の女性と浮気されるのではどうか。浮気相手が自分と全く正反対のタイプの方が傷つくか、自分と少し似ている方が傷つくか。元恋人、自分の友人、旦那の同性、芸能人など、浮気相手として特別耐え難い相手はいるか。どの質問にも、一定のどちらも同じくらい嫌だという回答はあるものの、どちらか一方を答える数の方が圧倒的に多く、実は多くの質問で両者の数がほとんど同じ、つまり答えが綺麗に二分することが多かった。

それなりに納得する理由がある。「美人と浮気されたら取られそう」「美人なモデルとかだったら見下されてる気がする」「ブスに手を出したら執着されそう」「ブスのくせにいい思いして腹が立つ」「同い年だと比べられそう」「若い女に乗り換えられそう」「旦那が十歳以上年上なので、年が近い方が楽しいのかと不安になる」「自分に持っていないものを持っている人だったら悔しい」「自分と似た仕事をしていたらライバル視してしまう」「元恋人と会ってやっぱりこっちがいいと思われるのが一番傷つく」「他の浮気は許すが、自分の知り合いだったら絶対に別れる」。

女子会などでも話題になるそういった複雑で個性的で、大変デリケートな女心に敏感な男性は少なく、何が許されて何が許されないのかイマイチ飲み込めないままに羽目を外して、自分が想定した以上の大きなトラブルを巻き起こす人は多い。正直、そういった気配りができない人に不倫の資格などないと言ってもいい。相手の都合と自分の願望の折り合いが悪いときに、なんとか小さな隙間を見つけてすれすれのバランスを取ろうとするのであれば、その想像力と、コミュニケーションを惜しまない努力は不可欠だからだ。

これはある意味、間に入る男の問題であって、浮気相手、愛人となる側には防ぎようのないことのようにも見える。妻の属性や性格を知らないし、男性と妻がどの程度思いやりのあるコミュニケーションをとっているかどうかも知らない。そもそも、知ったところで自分の容姿や年齢、属性を変えることは不可能だ。

ただ、不倫関係を長く続けている者、短期間の浮気で家庭を壊してしまった者、大きなトラブルを呼んだ者の話の中には、妻の最も触れられたくない種類の不倫、という概念が影響していることはあるし、実はその予兆は、女の側に示されていることがある。

たとえば浮気が原因で離婚し、その後しばらく浮気相手であった女と恋愛関係を続けたものの、今はそちらとも破局した知人男性は、専業主婦であった前妻にとって、彼と同じような高給の取れる専門職である浮気相手の属性が、普通以上に気に障ったのだろうということを、最近になって上司の指摘により気付いた、と言う。

それもまた彼の事後的な想像でしかないが、彼はまだ不倫関係だったときに、浮気相手に自分の妻の愚痴を頻繁にこぼすタイプであった。当然、愚痴の中に含まれる情報から、愛人側はある程度の妻に関する情報、性格や経歴などを知ることができた。彼の浮気が妻の知るところになったのは、長い不信によって携帯電話やSNSをチェックされたことだが、トラブル発覚時にSNS経由で妻から浮気相手に向けてメッセージが送られたことがある。そのとき、彼の離婚と自分との再婚を希望していた彼の愛人は、自分が彼と同じ職業であることなどを強調して対応した。

その対応の中には、浮気相手の妻の属性への蔑視や逆恨みによる見下しがあったのは確かだが、わざわざそういったことをしたのは、その事実が妻に対して持つ攻撃性に自覚的だったからとも考えられるのではないか。男よりも、浮気相手の方が妻の心境をよく想像できていたのだとしたら、家庭を壊すつもりの彼女にとっては好材料であっただろう。逆に言えば、家庭を壊すような関係を望んでいない女性だったら、もっと相手を傷つけない行動を選択できたということだ。男性を介して繋がる見ず知らずの女同士の方が、間に入ってどちらとも関係を持っている男性よりも、よくも悪くも相手の気持ちがわかる、といったことは結構な確率で起こり得る。

二十代後半から三十代半ばにかけて長く既婚者との恋愛を経験したとある女性は、こんなことを言った。「奥さんや家庭について何の知識もなくても、自分のことを愛している男をよく冷静に観察して、思考回路を想像すると、奥さんが自分との関係を知ったときに許すかどうかはわかる」。つまりは、日頃から相手の気持ちに想像力を働かせるような男性でなければ、タブーを犯している危険性がある、という意味だったのだと思う。

不倫が不倫でなくなるとき

男性の知人のお話。大学を一年留年してそれなりに有名な企業に入り、地方勤務を終えたタイミングで公務員となっていた大学のゼミの後輩と結婚。二児をもうけるが、二人目が生まれる直前頃から夫婦仲が悪化。妻が別離を口にするが、彼はそれを受け入れず、なんとか関係を立て直す。その直後から職場の二つ年下の女性社員と不倫関係になり、彼女の家と自宅の二重生活を始める。今度は彼が離婚を望むが、二人目が生まれた直後ということもあり、妻が結婚生活の継続を望む。結果、三年以上の二重生活を経て、ようやく離婚が成立。不倫関係だった後輩社員と入籍し、今年の末には子供が生まれる。

女性の知人のお話。合コンで出会って半年で子を授かり入籍したが、結婚直後から旦那とはあまりうまくいっておらず、第二子づくりには踏み切れなかった。子供が保育園に入ってから、近くの飲食店でアルバイトを始め、そこで出会った同店のエリアマネージャーと一晩をともにしたところ、すぐに旦那の知るところとなり、相手も自分自身も慰謝料を請求される。それまでエリアマネージャーとはたった一晩ともに過ごしただけの、恋人ともいえない関係だったが、旦那の仕打ちにうんざりしたタイミングで急接近。相談に乗ってもらったり、慰謝料を立て替えてもらったりしているうちに愛が芽生え、旦那との離婚を決意。当初は離婚に全く応じようとしなかった旦那だが、子供の親権について譲歩することでなんとか納得し、離婚。エリアマネージャーと再婚を前提として同棲を始めた。

このどちらも、最近一年以内に離婚を経験した知人のエピソードだ。男性の方は長期にわたる不倫関係、女性の方は一夜のアフェアという違いはあるものの、結婚しながら始まった関係がのちにもともとあった婚姻関係を押しやり、不倫という枠組みを出て、普通の男女の関係として生まれ変わった事例である。当然、それなりの犠牲を伴いながら。

不倫として始まった関係が不倫でなくなる、そういったことが起こるときというのは基本的に似たような条件が揃っている。第一に夫婦仲が悪いこと、第二に不倫関係が自身の結婚相手に知れてしまったこと、第三に「運よく」前の結婚に終止符が打てたこと。逆にこれらの条件が揃わないと、不倫の域を超えた関係は行き場を失い、痛みを伴いながら彷徨うことになる。

女性の例は、離婚には反対していた元夫が親権をとることで渋々応じてくれたために離婚が成立したが、子供のいない別の女の知人はすでに二年近く別居状態で、夫が離婚を拒否し続けている。彼女もまた自身の不倫が旦那の知るところとなったのだが、すでに相手の男性は慰謝料を支払っており、彼女の離婚があまりにもめていることから、二人の関係も暗礁に乗り上げている。そして「運よく」離婚した方の女性も親権を旦那がとったことから、養育権を持つ彼女は子供と同居はできているものの、再婚に伴う子供の苗字の変更などが自由にできず、再婚に踏み切れずに同棲状態を続けているのが実情だ。

夫婦関係が悪いときの不倫は、自身の婚姻関係よりも不倫のプライオリティが高くなってしまう可能性があり、不倫以上の関係に発展する可能性は高い。そして、不倫は別として結婚は絶対に守り抜く、という気持ちが稀薄なので、結婚相手に不倫関係を絶対に秘密にするという規律を自らに課していない場合が多いために関係が露呈する可能性が高い。ここまでは単なる傾向だが、第三の条件が満たされるかどうかは相手の意思や状況、相手の家族との関係などいくつものバイアスのある運によるし、もしそれが達成されない場合には、夫婦関係、不倫関係ともに大変気まずく宙に浮いたままとなる。当然、巻き込まれる家族や子供たちにとってもその状態は痛みを伴うし、自分も結婚相手も不倫相手も幸福とは言えない状況に陥ることになる。

夫婦関係の解消を一切望まずに不倫をする場合、その不倫が不倫でなくなる場合が少しでも想定されるならば、その不倫は不倫としては失格であると考えるべきなのだ。そしてその不倫相手との関係は諦めるか、すでにある婚姻関係を一度リセットしてから改めてデートに誘えばいい。逆にいうと、結婚パートナーを維持しながら不倫をする資格があるのは、夫婦関係を良好に保ち、その関係を絶対に守り抜くという気概がある人のみであって、夫婦関係の悪さを別の関係によって補おうとする態度は、リスクが高すぎるだけでなく、関係のない人にまで余計な痛みをばら撒き、自分の情けなさを露呈し、修復可能であった夫婦関係を台無しにする、愚かな行為だとも言える。いくら甘美なものであっても、不倫は不倫のままにそこに置いておく潔さがなくては、嗜みとしての不倫には向かない。

逆に、昨今の世の中で支配的にまかり通っている、「不倫はダメ」という標語は、そういった状況を少なからず予想するからこそ、力強く囁かれるとも言えるわけで、命をかけて夫婦関係を守り、その夫婦の幸福を守り、その上で、甘美な束の間の休息を極上の相手と作り上げることができれば、そのようなつまらない標語をはねのけてしまえる気もする。薬物や売春が「被害者なき犯罪」と言われるとしたら、不倫は「被害者が傷つくからこその犯罪」なのであって、被害者をなくしてしまえば、その奇妙なバランスを糾弾する外野など、余計なお世話以外の何物でもない。

第二章
絶望の不倫報道

報道に滲む不倫の品格

二〇一六年の年明けに人気バンドのメンバーと国民的人気タレントの不倫LINEの流出(13)が大きな話題となったのは、それから八年以上経った現在でも比較的鮮明に覚えている人が多い。この鮮やかな文春砲、改め「センテンススプリング」砲が呼び水となり、それからしばらく週刊誌やいわゆる下世話系ワイドショーは競うように有名人の不倫を報じ、それまでであれば記事化されることがなかった者、たとえば一部で知名度はあるものの全国的にはそれほど知られていない文筆家や、不倫に意外性のない高齢の落語家までもがその渦中に巻き込まれていくことになったわけである。

不倫報道ブームは報じられる不倫がやや小粒化しつつも数年続き、やや食傷気味になった視聴者やコメンテーターが「他人の家庭の問題に首を突っ込むのはどうかと思う」と水を差す光景もまたありふれたものになったが、不倫こそ最も気をつけるべき失脚のトラップという状況はこの間に濃厚になった。当然、愛人騒動や不倫報道というものは銀幕スターの時代から身近なスキャンダルと

(13) バンド名が災いし、「ゲス不倫」などと呼ばれる羽目に

して常にあって、不倫発覚により仕事量が激減したり、番組を降板するというような例も近年に限ったことではない。ただ、多くの記憶に残っているのは大スターの愛人の手記や「不倫は文化」などの迷言、あるいは女性の側が有名人であるという事例であって、愛人報道が特にマイナスにならないスターの特権もあれば、凡庸なこととして報じられない小粒不倫もあり、広いグラデーションが存在した。誰の不倫であっても気軽にスキャンダル報道と失脚に繋がるという点では現在が不倫受難の時代であるというのはそれほど外れた見方であるとは言えない。

この章を書いていた二〇二三年初夏、二〇一六年の大ブームからずいぶん時間が経ち、毎週誰かしらの不倫がＳＮＳのトピックに上がるほど話題になるという状況ではないものの、一九九〇年代のデビューから第一線で活躍し続ける人気女優(14)と、最近話題のレストラン経営者のダブル不倫が大きな話題を呼んでいた。手書きの恋文の流出、ガチムチ系シェフのゲイ人気、女優の夫である不思議系アーティストの記者会見、被害者の立場で自殺を仄めかすなどまでしたそのアーティスト自身の不倫や不祥事の噂など、ツッコミどころが止まない

(14) 過去にも時折嫌な形でゴシップ報道の餌食にはなったものの、圧倒的な清潔感のある美しさのせいか、清純派のイメージはなかなか抜けないという見立ても

せいか、後追い記事や炎上は断続的に続き、女優とシェフ双方の仕事が深刻なダメージを受けた。特に無期限謹慎処分にとどまらず大手企業のＣＭ削除など女優の受けた制裁はとてつもなく大きい。もともとボーイッシュで清純なイメージから数多のスキャンダル報道などを経て大女優へと昇り詰めた彼女が、ここにきて純愛系の不倫によって全てを失いかねないという状況は結婚の外側にいる私から見ると異様で、彼女は誰を傷つけて誰に罰せられているのか少なからず疑問に思う。

赤の他人の結婚観や道徳心にそれほど興味のない者であっても、確かに「ヒロスエ不倫」報道は興味をそそる。恋人同士で交わされる書簡など、生前に流出すればこれほど目も当てられないものも他にないし、ワセダ入学も話題となったインテリ女優によるそれも例外ではなく、おそらく本人にとっては裸を見られるような恥ずかしさはあるとは思うが、怒濤のような愛をそのまま綴るラブレターは「好きで好きでどうしようもないこの恋のエネルギーをどうしたらいいの！」と宣っていた青春時代のノスタルジーを感じさせるもので、人の手紙を盗み見るなんて、と不謹慎な自分を恥じつつもついつい何度も読んでしまうし、ニキビ肌用洗顔料のコマーシャルで全力で笑顔だった頃から女優を知る多くの視聴者は、手紙の中に匂う生々しい性の匂いにちょっと興奮すらする。夫のやや露悪的な記者会見も、彼女が不倫報道前に語っていた夫の言葉も、そもそも手紙がなぜ流出したのかという経緯も、記事を読む人の邪推を誘うものではあった。

しかしエンタメとしてゴシップを消費するというのと社会的生命や仕事を奪うほどのバッシングを受けるというのは全く別の次元の問題であって、かつて妾や愛人を持つことは成功した者の甲斐性という風潮すらあった社会がゴシップを笑う余裕をなくしてしまっていることが何を意味するのか、やや不気味に感じられることもある。

ほんの三十年ほど前、「文藝春秋」で夫である勝新太郎と対談(15)をした中村玉緒は、「男の人は大変だろうけど、分からないように二つの所帯を持つことにおいては反対はないんですよ」と語っていた。対談の中では以前勝に頼まれて玉緒が新聞を買ってきた際に二つの新聞それぞれの一面に「勝新太郎の彼女、美容院経営」「勝新太郎の彼女は女優の誰々」と見出しがあったというエピソ

(15)「文藝春秋」(1994年2月号)の勝新太郎・中村玉緒対談「離婚を考えるヒマもない」。他に三國連太郎、瀬戸内寂聴、ビートたけし、石原慎太郎などと対談した連載であり、後に『泥水のみのみ浮き沈み　勝新太郎対談』(1994年)として書籍化された

ードや、勝が愛人たちに「玉緒に対して変な気持ち持ったらいけないよ。俺のそばにいられるってことは、玉緒のお蔭なんだ」といつも言っているという話が次々と双方から語られているが、勝が他界した際に玉緒は同誌[16]で、一緒に食事に行った際にボーイさんたちが奥さま、奥さまと言って丁重に扱ってくれたときのことを「それで主人は『奥さんというのは大したもんだ』と言うわけですが、それは誰かと比べてるということですよね（笑）」と苦笑しつつも、「だけど何があっても、私に対する態度は変わらないんです。そこが一番大事だったんです」と夫婦の間に確実にあった信頼を振り返っている。

別にこの時代の妻たちが傷ついていなかったとは私も思わないし、何も浮気を容認して耐え忍ぶのが理想の妻であるという話ではない。しかし多様性が叫ばれる時代になればなるほど、多様性の一形態であるヘテロセクシャルなモノガミーの形については潔癖で排他的になっているとしたらそれは時代の抱える大きな矛盾のように思える。

ヒロスエ不倫やベッキー不倫を報じた「週刊文春」と同じ発行元の「文藝春秋」の報じた夫婦や恋愛の歴史を繙くと面白い。吉行淳之介の死後、最も有名

（16）「文藝春秋」（1998年7月号）の中村玉緒「一周忌を前に初めて打ちあけるパパ勝新太郎最期の病室——それは、2人きり夫婦水いらずの時間でした」

なパートナーであった宮城まり子が手記[17]を寄せているが、浮気で傷ついた恨み言、そして愛し抜いた二人の物語などが綴られるそれを書いた宮城自身も法的には不倫相手である。他にも二〇一七年には故・井上光晴の娘でもある作家の井上荒野と、井上と長く不倫関係にあったことで有名な瀬戸内寂聴の対談[18]が開かれているし、ぐんと遡って一九五九年には姦通罪で「豚箱」に入った日本舞踊家の吾妻徳穂の半生が綴られるなど[19]、正式に発表されているものを読むだけでも男と女のままならない関係は常に苦痛の音を立てながら、色々な形を模索していたのがわかる。それらを読んで誰かを嫌いになるも幻想をさらに強固にするも読者の自由だが、苦しみながらつかんだ愛の形が、形によっては社会に全力で守られ、形によっては食い扶持すら奪われるほどであるのなら、幸福も窮屈なものである。というか婚姻届を出していなければ単なる心変わりや三角関係として恋愛ソングのネタになり、籍を入れているというだけで一気にドキュメント謝罪会見に帰結するとなると、むしろ必死に守らねばならないほど脆弱な一夫一妻婚とは何なのか、と気になる。性別による役割分担の押しつけが徐々になくなり、女の社会的な自立が当たり前のものとなった現在、生活基盤

(17)「文藝春秋」(1994年10月号)の宮城まり子「淳之介さんのドビュッシイ前奏曲」

(18)「文藝春秋」(2017年8月号)の瀬戸内寂聴・井上荒野対談「父の愛人に娘が会いに行く――『全身小説家』井上光晴の破天荒な生活とは?」。井上荒野は当時、「小説トリッパー」にて父と寂聴の不倫を題材にした小説『あちらにいる鬼』を連載していた

(19)「文藝春秋」(1959年6月号)の吾妻徳穂「おどり人生愛恋　わたくしの人生はプラス・マイナス・ゼロです――出発を前にして徳穂が語る踊りと男の五十年」

としての家庭が荒廃の危機に直面して断末魔の叫びでもあげているのだろうか。

と、SPEEDにヒロスエと初夏に相応しいフレッシュな印象の一九九〇年代の大スターたちの不倫報道を横目に、ちょっとおどろおどろしい想像をしてしまうが、かといって模範的夫婦以外の全ての愛の形が笑えない形で否定されているかというとそうでもない。時代に閉塞感があるとか無頼で世間を黙らせるほどのスターがいなくなったとかそんなことはいくらでも並べられるが、現時点においても命以外の全てを奪うようなバッシングもあれば、ダメ女ダメ男のレッテルを笑いながら貼られるだけという場合もある。報道自体にそれほどトーンの違いはなく、そこから波及するSNSの反応やネット記事などに差が出て、結果的に仕事やその後の私生活への影響が大きく変わっているように見える。緩やかに許容される不倫と深刻に排除される不倫があるのだとしたら、運命を分ける境目は一体何なのか。

許される不倫男とは誰なのか

Mr.Childrenが十二年ぶり二度目の紅白出場を決めた二〇二〇年末、個人的には四年ぶり二度目をキメた元衆院議員の不倫報道の方が気になっていた。「イクメン議員」を謳っていただけに、議員辞職までせざるを得なかった四年半前のスキャンダル以降、ワイドショーや雑誌インタビューではお調子者のオシドリ夫婦っぷりが人気を呼び、同年十月には騒動を乗り越えた妻の著書が話題となっていた。その名も『許すチカラ』[20]。そんな力は女としてはあんまり発揮したくないが、妻を持つ男としてはぜひともパートナーに持ち合わせてほしいのであろう。今回のスキャンダル以降の夫婦の雰囲気を覗いても、「やっぱり人生を楽しむ鍵は、許すチカラを持った女性をゲットすること」と確信した殿方も多いのではないか。

確かに、男にとっても女にとっても、自分がどんな人間であるのか、どんな価値観で何を信じ、何を尊び何を軽蔑しているのか、簡単に言えば「Who I am」をよく理解してくれるパートナーを見つけることは、ありのままの自分

(20)金子恵美『許すチカラ』(2020年)

で生きていく上でとても有利にはなる。「自分を犠牲にしても　いつでも　守るべきものは　ただ一つ　君なんだよ」[21]なミスチルに惚れ込むのかそんな重い自己犠牲からは逃げたくなるのか、「女好きは俺らの悪い癖　でも　遊びなんかじゃないよ」[22]の長渕にキュンとするのか、昭和を引きずった身勝手さに呆れるのか、「行かないでね　何処にだってあたしと一緒じゃなきゃ厭よ」[23]の林檎を可愛いと思うのか邪魔くさいと思うのか、「見知らぬ人でも　かまわないから　ふるえるこの肩どうぞ　抱きしめて欲しいの」[24]な静香が愛おしいのか不潔で優柔不断に感じるのか、そのあたりの価値観が合わないと、どちらかが息苦しくなり、どちらかが不安を募らせる。

　ただし、人という字は二つで一つなので、許すチカラは許されるチカラとともにあって初めてそのチカラの真価が発揮されるのは言うまでもなく、というかそこが一番大事なのだけど、どうも男は都合よく、女の器と世間の器こそ重要だと信じがちなのだ。彼女が厳しいから、時代が不寛容だからと言う前に、自分のそのあたりを見直したらどうかと本気で思う。女の方だって、浮気一つで世界が終わるとは滅多に思っちゃいないが、世界を終わらせる浮気もあると

（21）「Everything（It's you）」Mr.Children（作詞・作曲：桜井和寿）
（22）「俺らの家まで」長渕剛（作詞・作曲：長渕剛）
（23）「ここでキスして。」椎名林檎（作詞・作曲：椎名林檎）
（24）「嵐の素顔」工藤静香（作詞：三浦徳子・作曲：後藤次利）

は大概思っている。相手の器量で人生が変わるというのは、半分は本当だが、半分しか本当ではない。

浮気していることが判明している知人男性たちの顔を思い浮かべて、もしパートナーにバレたら世界が終わるであろう人物と、バレたところで終わるのはせいぜい一晩の安眠くらいだろう、あるいはもう何度かバレているが割と無傷である、という人物というのは結構明確に分けることができる。そして、それはたとえば当該男性がメディア露出するような著名人である場合に、世間に許されるかどうかと多少重なるがイコールではない。で、週刊誌に報道される可能性が低い多くの人たちにとって気になるのは、世間というより自分の家庭において抹殺されることだろうから、ここではひとまず社会的生命の話はおいておくことにする。

さて、あくまでパートナーに許されがちな男に共通する最も大きな特徴は、ある場面で悪者になりきる、もしくはある人物にとっては悪者になりきる度胸があるということなのである。多くの「許されたい男」は、許されたいがゆえに、悪者になりきれず、いい顔をしがち、いい男ぶりたがるという性質を持つが、要は本来的な意味で許されるチカラを持つ男は、「誰に許されたいのか」を明確に言える男である。J－POPついでに「人はどちらにつくかで見方が変わってしまう　あれは　身を引いたのか　それとも　逃げ出したのか」(25)と歌ったのは大黒摩季なのだけど、一対一の関係が基本的構造の恋愛関係においては、それを三角にした途端に、Aの位置に立つかBの位置に立つかでCの印象は真反対になるものである。そして、できればそれを平準化して、どちらにも悪くない印象を持ってもらおうとした途端、両者からの印象は地獄のように悪くなる。

ちょっと前に、クリアに浮気が原因で別れた知人カップルの、女性の言い分だけをアンフェアに引用すると、大体こんな感じだった。「こちらは付き合って一年半、あちらはただの浮気。彼は別れたくないと言いながら、私との言い合いの中であちらさん、つまり浮気相手の肩を持った」。そんなのあり得なーいと女性の大合唱が聞こえると同時に、よくよく思い出すとこれは頻繁に目の当たりにする事態である。男は腹を立てた自分の妻や恋人が、浮気相手や元カノ、愛人などを罵倒すると、「あの子もそんなに悪い子じゃない」的な謎な正

(25)「あぁ」大黒摩季（作詞・作曲：大黒摩季）

義感を振りかざしてくることがある。「元カノが俺に連絡してきたのは、本当に最近具合が悪くて助けが必要だったからで」とか。「いや、あの子は確かに俺に妻がいるのを知ってて旅行に行きたがったけど、純粋な子なだけで悪意はなかった」とか。

確かに人間は誰しもいいところの一つくらいあるし、完全なる悪人というのは探すのが難しい。が、そんな世の真理は、クリスマスにしか行かない教会や法事のときのお寺にて説いてもらえば十分なのであって、浮気男の口から聞きたくはない。大黒摩季ねえさんには悪いが、そのとき本命の女が望んでいるのは、世の真理や客観的事実や第三者の冷静な見解などではなく、非常に偏った愛情表現なわけで、目の前で浮気相手の全てのSNSをブロックして、なんならメールで「もう関わるな」くらいの悪態を送りつけて、「俺が間違ってた、相手の女は最低なブスのヤリマンでお前は最上級のいい女だ」くらいの甘ったるい愛の言葉を耳元で囁くくらいしてほしいというのが本音なのだ。

さて、私は四十になるまで本妻になったことがなく、そのかわり本腰ではない愛人的立場の経験は何度かあったので、当然、そのように妻にとって理想的な態度がとれる男が愛人側から見れば、最低最悪の無責任男だという実感はある。女子会で悪口の全てを出しきって非難され、愛人の親友たちからは「家燃やそうぜ」と言われるレベルでもある。ただし、家庭を捨てて愛人に走る男は割合としては非常に少ないわけで、いずれにせよどちらか一方にしか許されないのであれば、別れたくない方、多くの場合は妻の方に許されるために全てを尽くすしかない。この、急角度というか白と黒の優先順位を一貫してつけていられるかどうかに、バレたときの家庭の平穏はかかっている。その意味では、一貫して愛する妻との仲を優先しているようにちゃんと見える元衆院議員は許される男の部類に入るのだろう。

ただし、そもそも妻や家庭にバレる男というのが、愛人への最低限の礼節を欠き、女をひどく憤慨させる者だということは、多目的トイレの神様を参考にすれば想像にたやすい。元衆院議員も、週刊誌を読む限り、そのような経緯でどうやら釣った女にバラされたクチ。

実際はここが一番難しいのだ。妻と愛人に明確な優先順位をつければバレたときには許されがち、しかし妻と愛人を露骨に生き物として差別しすぎるとバラされがち。それで結局、どちらにも冷たい顔ができずに、バラされるくらい愛人へのケアをおろそかにして、許されないくらい妻をも軽視するという最低パターンの組み合わせ男が爆誕することもある。要は、愛人に対してバラされない程度の敬意を保ちつつ、妻にはその敬意が見えないようにする、というちょっとしたテクニックが必要ということになる。

そんなものは身につけ得るものだろうか。いや、これを身につけられないのであれば、本来、尊重し合えるパートナーとの生活と、刺激的でリスキーな夜を両方手に入れる資格がないのだけど、身につけているのは上流の一％くらいしかいないのが問題なのだ。そもそも、その二つを手に入れたいというのは多くの場合、男の、極めて自分勝手な、人をなめきった、理不尽で子供っぽい甘い夢なのである。そして多くの自信過剰な浮気男たちは、「ちゃんと妻も満足させてるもん」とか正論めいた迷言をほざくのだけど、満足というのはそもそも他者が「十分なケアをしている」と勝手に外から決めつけるものではなく、本人の主観でしかないというのは歴史を見ても明らかだ。フランス革命時も学生運動のときも、与えている側は民たちがそれほど痛みを持っているなんて想像していなかった。自分勝手な甘い夢は、もちろん相応の犠牲と痛みを伴って、何かしらを削りとっている。その削りとりが愛人に偏れば逆上させてバラされるし、妻に偏れば家庭崩壊につながる。

つまり、一対一を勝手に三角にしたときに、男が選択すべき優先順位は「女>女>自分」なのだ。許されるチカラがゼロの男は「自分>妻>愛人」という構図を当然のごとく信じているし、許されるチカラをそれなりに持っている男でも、その構図は「妻>自分>愛人」になっていることがほとんどで、優先順位の一番下に、一番の痛みが注がれることをわかっていない。今自分が浮気をしていて、自分がとっても満足で楽しくて苦しくないのだとしたら、それは妻か愛人の誰かに全ての皺寄せが行っている証拠だと考えた方がいい。

つまりのつまり、復讐されない程度に愛人の自尊心を保ち、しかし許されるくらい妻を大切にできる男というのは、本人は別にスーパーハッピーではないはずなのである。仕事や金銭面で苦しかったり、時間のやりくりや体力の限界が近かったり、ハートが引き裂かれて痛かったりするはずで、それを引き受けてでも女とまぐわいたいと思うほどに女好きであって初めて、現代の許されていないけど許される可能性もある浮気への重い扉にようやく手をかけられる。そして私の経験上、男は女以前に自分のことが好きすぎて、そこまで女好きである場合はそう多くはない。ということは、結論的に、浮気をする資格がある男は、今現在浮気している男の数に比べて極めて極めて超少数であると言わざるを得ない。

退屈な報道と大きな打撃

最近では文春砲の印象が圧倒的に強くなってしまった不倫報道といっても濃淡色々とあり、やや人権意識の低かった時代には現在よりさらにプライバシーに深く関わるものや、執拗な付き纏いなどもあった。というわけで色々あるスキャンダル報道だが、少なくともこの世のゴシップ記事には二種類ある。面白いものと面白くないものだ。たとえば先のヒロスエは明らかに面白い。どちらにせよ巻き込まれた家庭や当事者には、時に不当なほどのダメージや少なくとも傷ができるのだが、個人的には傷つきというのは必ずしも人生や人間関係において、回避し続けなければならないものとも思わないし、そもそも現代のカップル間に生じる歪みやトラブルというのは片方の非がどれだけ明らかでも、どれだけ明確に悪を指摘できても、自由恋愛と自由な尺度での見極めを重ねて選んだ歴史を感じるので、外野による代弁や糾弾には限界がある。しかし、面白い／面白くないと感じるこちらの視点は、こちらが想像できるその傷の大きさやその不倫の潜在的な暴力性と無関係ではない。

二〇二〇年、五輪内定中だった競泳選手の不倫が報道され、スポーツ界で波紋を呼んだことがあった。「スポーツ界で」とわざわざ書くのは当然、一般社会で特に話題にならなかったからで、話題になっていないのは当然、そんなに面白くないからだ。しかし話題の小ささと、当事者たちの傷の大小は比例するわけではない。むしろ、話題としてつまらなく感じる不倫が、当事者たちのダメージだけが大きいことは往々にしてあり、そこにこそ、不倫の品格、不倫のセンスがあらわれる。

面白みを感じさせる要素はいくつかある。代表的なところでは、誰が不倫するのか、誰と不倫するのか、どこでどんな不倫をするのか、そしてどんな言い訳を放り出すのか、週刊誌がどんな見出しをつけるのか、といったところだろう。「誰が」不倫するのか、は当事者にとっては自分のパートナーが、という事実が共通してあるだけで、クリアに外野向けの情報である。不倫報道の多くは、お茶の間のアイドルが、往年の人気女優が、「五体不満足」なあの作家が、というこの点に面白みを見つけるものだが、これは当該家族への傷にはあまり関係しないし、センスが問われるところでもない。むしろ週刊誌記者やハニートラップをしかける側のセンスが光るところでしかない。

どこでどんな不倫をしたか、にあらわれる面白みは、報道のテンションや大きさを変える。多目的トイレで不倫したグルメ芸人や、車内でスピード逢瀬を繰り返した二枚目俳優など、そこに焦点が当たる人は、本人にどのような罰が降るかに差こそあれ、人の噂話や識者のコメントの中で比較的明るいテンションで揶揄されたり、本人に直接的なツッコミがいったりする。それゆえに少なくとも世間的には罪の重さが無害化していきやすい。ゴシップが売り物になる仕事をしている者が、秘密の私生活にも多少の人生を演じる意識を持てばその内容が退屈にはならないし、ゴシップを売る報道機関の側も、そのゴシップが悪人を決めつけるものではなく、消費されて楽しまれるものであるという意識があれば、その面白みは強調される。双方のセンスが光れば、散々消費されても本人が人生を失うほどの何かをなくすことはないはずなのだ。

さて近年の不倫報道で、面白さが光っていたのは二〇一九年、二回も不倫が報道された兄弟コンビの芸人さんだろうか。「誰が」という点では、やや粗野な印象の芸人という意味で特に意外性はない。コンビニ前でアイスにかぶりつく間抜けな姿を激写されるその内容も別に面白くない。面白みが光ったのは妻をカレーライスに、愛人をハヤシライスに喩えた微妙な言い訳もさることながら、一度目は浜崎あゆみ似と報じられたド派手な名古屋ギャル、二度目は四十代の元セクシー女優という、「誰と」不倫したかの一点だろう。

男性芸能人の不倫報道には当然、女性視聴者の批判的な意見が多く寄せられるが、「誰と」の部分で女性を完全に敵に回すか、苦笑を引き出す程度なのかは分かれがちだ。それは単なる野次馬精神にのみ訴えかけるものではない。視聴者もそこまで単純なわけではなく、相手選びのセンスに、一筋の思いやりを見るのである。

長く素行不良なおじさまたちに、愛人や不倫相手選びについて聞くと、口が堅いとか結婚したがらないとか、そういった基本的なことの他に、もし明るみに出たときに、本妻のプライドを根こそぎ奪うような相手を選ばない、という規律を聞くことがある。どんな浮気だって人を傷つける。美人と浮気されて劣等感にさいなまれることもあれば、ブスと浮気されて自尊心が傷つくこともある。しかし、正直なところ、誰と浮気されるかによって傷の数値レベルはだいぶ変わる。そして人の性格に凹凸があるように、そして人のプライドとコンプレックスの置き所が千差万別であるように、誰と浮気されると一番傷つくか、というのは人によって違う。

不倫をする上で最も問われるべき品格は、いかに人の傷を治癒できる程度のものに留めるか、だと考えられるが、その際にはこの「誰と不倫するか」が生命線となる。女同士で話していて、パートナーの浮気や元カノの話になると、必ずと言っていいほど、相手を特定し、SNSなどを見つけ出し、批評する。これは自分の傷の大きさを見極めたいからだ。

たとえば、元カノ、本妻の知人や同業者、夫婦共通の友人などと不倫すれば、それによって生じる傷や綻びが、修復不可能になる可能性が極めて高いのは容易に想像できる。その他に、たとえば過体重を気にしている女性に対してモデル体型の美女と不倫したときに起こる相手の気持ちのハレーション、子育てのために泣く泣く仕事を中断している女性に対してバリキャリの女と不倫したときに引き出される複雑な悲しみなどを想像すれば、少なくとも絶対に不倫してはいけない相手を割り出すことはできる。

兄弟芸人の不倫の例が、その比喩はどうあれ一般女性視聴者に比較的ゆるゆると受け入れられた理由の一つは、相手の女性に、女のコンプレックスをえぐる嫌悪感がなかったからだろう。むしろ、ドラマや小説によってできた、愛人というと若くて綺麗な人、というイメージからはだいぶ遠い、男性本人と年齢が近いようなややトウのたった女性、しかも元セクシー女優というある種の見くびりを引き出す肩書は、おそらく本妻へのダメージが、最悪レベルではないのだという無意識の想像を呼び起こす。そこで初めてある程度の「面白い」が喚起される。面白いと感じるのは、単に読んでいて笑えるという問題ではなく、面白いと言ってよいか否かという、視聴者の良心の問題でもあるからだ。不倫に嫌悪感を抱くのは既婚者に限らないが、真っ直ぐ批判するのは自分は真面目にやっているという既婚者たちであって、彼らの想像力に自分がされたらすごく嫌だという信号を送ると火は広がっていく。ちなみに愛人への扱いがあまりに雑だったり、女性ウケの悪いあざとい美人が相手だったりすると不倫相手になり得る未婚女性からの好感度は深層心理的な意味で下がるが、あまり愛人候補だと思って人は生きていないし、思っていたとしても声に出さないことが多いので直接批判されることは少ないかもしれない。

それはさておき「不倫はいけない」と一言で断じてしまう風潮が気になるのは、人がこれだけ繰り返してきた愚かな情事に、優劣があるという意識を消してしまう点である。実際には、許される情事と許されない情事がある。妻への申し開きを想像して、外国人女性としか不倫しないという男性もいたし、水商売の女性に限定している人もいた。妻と似ている女性は絶対に選ばないという男性もいる。いずれにせよ、これだけはやってはいけない、という品格を持ち得るかどうかが、不倫のできる人と絶対にする資格のない人を分けるとも言える。

それは単純な法則性があるものではない。以前私の友人が恋人に浮気をされたとき、その相手があまりに醜かったことで議論になったことがある。話を聞いていた友人の一人は、こんなブス、脅威にならないからいいじゃん、という立場だった。ただ当人にとっては顔の美醜より、浮気相手が彼と同じ業界であったことが怒りを増大させていた。自分だけ蚊帳の外のような気分になる、自分では仕事の悩みを聞いてあげられない、という言い分だった。

自分が最も大切に思うパートナーが、何をされたら最も自尊心を揺さぶられるか、その知識と想像力が思いやりにつながり、同じ悪事の重みを変える。軽率な気分でした浮気で夫婦関係の解消にまで至るようなケースは、この意識が全くないことが多い。

はっきり意識しているかどうかにかかわらず、どんな相手を選ぶかには人としてのセンスがにじむ。競泳選手の不倫報道が面白みに欠けるのは、美人CAという、いかにも男性が好きそうと想像される相手を選んでしまう本人のセンスが一番大きいように思う。高い外車で安いラブホテルに入り、車をわざわざ乗り換えて娘たちのお迎えに向かったという記述などは、多目的トイレ不倫のような滑稽さがあるものの、その「ツッコミどころ」が、家族に与える嫌悪感を上回らない限り、人は面白いとは思わない。よって当人に向けられる眼差しは、苦笑いやツッコミだけでなく、極めて冷笑的な批判に終始し、面白がって噂のタネになることもあまりなかった。結果、五輪延期で大変な時期を迎えるアスリートの家庭を、大して話題性のない、当人たちのダメージだけが無駄に大きいゴシップで傷つけた報道側のイメージも損なわれたような気がする。

周縁の品格とジレンマ

ビリー・ワイルダーの『昼下りの情事』(26)の中に、「パリにはホテルの部屋が二十二万室もあって、その中の四万室が今夜も不倫中だ」という台詞があるが、確かに婚姻の相手ではない人との禁断の情事を楽しむ人はいつの時代にも多く

(26) ビリー・ワイルダー監督『昼下りの情事』(1957年、アメリカ)。ゲイリー・クーパー、オードリー・ヘプバーン主演のロマンチック・コメディ映画

いた。当たり前のように多く繰り返されたからといって、看過されるようになられないのが恋愛絡みの背徳の特徴なので、のべつまくなしに報道された数年前ほどではないものの、名の知れた人の情事は未だに週刊誌の人気コンテンツである。カルロス・ゴーンの逮捕劇や米国の政権移行に比べて、予備知識がなくとも話題にしやすく、誰でも意見を言いやすい点が、SNS時代のコンテンツとして「程よい」という事情もあるのだろう。

不倫報道ブーム真っ只中の二〇一六年に京都の芸妓とのスキャンダルが報じられた歌舞伎役者は三度も似たような話題で週刊誌の誌面に登場した。ただし、多目的トイレでの不倫スキャンダルが騒がれた芸人や、スキャンダル発覚後に離婚に至った俳優らに比べると、不倫そのものや本人を咎める声よりも、本人も女優・タレントである妻の取材対応やコメントへの賞賛が目立つ。二〇一九年にも、報道陣の前へ出て「深く夫婦で反省しております」とした上で離婚をはっきり否定する毅然とした姿は多くの支持を集めており、むしろ当該スキャンダルについてはその印象しかないという人も多いかもしれない。マスコミやそれに応じて騒ごうと構えていた大衆は二度も、梨園《りえん》の妻を前に本来の勢いを失い、間抜けに肩透かしをくらった。

夫の不倫で、本来であれば被害者とも言える妻が気丈に取材に応じたり、謝罪したりする例はあったが、それが必ずしも大衆の共感を呼び、騒動の沈静化に繋がるかというとそうでもない。むしろなぜ妻が謝るのだというトピック自体に議論が起きたり、夫へのバッシングが強まることもある。大衆が安易な物差しを他人にも差し向けるSNS社会で、その人、その家庭なりの価値観を示すのは容易なことではないし、むしろそのような態度がネットをはじめとする言論のより一層の暴走を促してしまうこともある。そんな中で「神対応」とすら呼ばれる凛然とした姿は人に何を感じさせるのだろうか。

彼女の姿が余計な批判や邪推を寄せつけないことの理由の一つには、外から見た梨園という場所の、俗世とのある種の断絶があるのは間違いない。人に「あの世界は特殊」と感じさせる場所には、本来であれば人が他者全般に持っているべき「私と同じ価値観ではないのかもしれない」という思考が保持されている。そこに、取り乱すわけでも涙に暮れるわけでもなく、堂々と言葉を放つ彼女の姿が加わることで、部外者の前には「これ以上は私たちにはわからない」

という壁ができる。

　さらに、結婚制度自体は存続しているものの、結婚の意味や形が時代によって変化・多様化していく中で、梨園の妻という立場がよくも悪くも伝統を重んじる形でそれほど柔軟に変化しておらず、自分の婚姻関係が何のためにあるのか、その答えを見失わない強さがあるように思える。現在、武家や華族のような婚姻関係がなくなっても、かつてのイエ制度的感覚を色濃く意識している人もいれば、高度経済成長期の専業主婦のいる標準家庭をイメージする人もいるし、西洋的な意味でのロマンチック・ラブに基づく関係を重んじる人もおり、その家庭によって、あるいは家庭内でも結婚に対する考え方はぶれ続けている。だからこそ、自分の価値観を脅かしかねない不倫の話題に過敏になったり、スキャンダルが破綻のきっかけになったりする場合もある。それに対して歌舞伎役者の妻は役割がはっきりしていることから自分の立場を見失いにくく、不倫によって価値観や関係そのものが否定される気分にはならないのかもしれない。

　そして何より、週刊誌に自分や家族の人生を裁かせない、という意思を感じさせる。対外的な礼儀として謝罪の形を取ったとしても、離縁などの可能性について明確な答えをすぐに出すことで、人の野次馬根性やメディアの関心によって心や家庭が乱れないことを示す強さがあるのだ。実際に彼女の心がどう乱され、家庭内の空気がどう揺れたのかを私たちは知る由もない。そしてそれを他者が知り得ないこととして位置付けられるのは、どんな価値を信じ、何に重きを置いて生きるか、考え抜いた覚悟を持つ者だけなのだろう。

そもそも週刊誌は人を裁く機関ではない。人の関心を買う事柄を見つけ、エンターテインメントとして成立させたり、議論を問うたりするものであって、実は上質な記事の多くはそう簡単に善悪の判断をすることはない。そういうメディア報道にいつの間にか人の人生を裁くほどの力を与えてしまったのは、スキャンダルをただ楽しむだけでは飽き足らず、表面的な価値観をインストールして思考停止したまま悪ノリを続けた大衆の落ち度だ。そんな時代の流れから一歩引いた場所で、大衆やメディアに自らの人生の審判を委ねない梨園の妻であり女優である彼女の姿勢は、人が本来持つべき逞しさというものを思い出させてくれる気がする。ただし、多くの支持を集める品格のある態度というのは間近にいる人に薬になるかというとそれはそれで別問題で、光が強く煌めくために、周辺の人が相対的に必要以上にダメな存在に見えるという副作用はある。対極的なのは以前、呪いの動画と呼ばれた動画を幾度も投稿したお掃除棒の女優のような存在で、彼女の奇抜な行動やちょっと怖い雰囲気のおかげで、不倫疑惑のあった夫の方は近年稀に見るほど誰からも責められず、むしろ同情されるという得しかない結果に終わったわけである。

負の連鎖

一昔前までは浮気は男の甲斐性だとか、不倫も芸の肥やし、妻も愛人も幸福にしてこそ本物の男なんて言葉が当たり前に使われていたし、今でも世間的な流れとは関係なく、離婚を前提としない遊びとしての浮気を当たり前に楽しんでいる人は結構いる。一方で、その事実が明るみに出ることで社会的にほぼ殺されるような事例もここ五年でずいぶん見られて、その落差にどこか不気味さや現実味のなさを感じているおじさん方は多いんじゃないか。

ベン・アフレック主演の『ゴーン・ガール』(27)は、妻の失踪をきっかけに始まる謎解きミステリーだが、情事を告発する愛人の心理や妻の復讐心、浮気によってあらゆる信用をなくす夫、マスコミの暴力性や視聴者のミサンドリー（男性嫌悪）などが各所に断片的にちりばめられた作品だ。妻の殺害容疑をかけられ、誰からも信用してもらえなくなった夫と弁護士の会話にこんなものがある。

「（妻への愛を大衆に語ったことで）傷ついた愛人が浮気を告白するぞ」

「彼女は絶対にそんなことはしない」

「全ての愛人はそうするのさ」

そして案の定、愛人の告発によってますます夫は窮地に追い込まれていくのだけど、とりあえず映画の話は置いておいて、確かに愛人の告発によって不倫が発覚する事件は芸能界でもあった。そしておそらく彼も週刊誌報道が出るとわかる直前まで、自分と多目的トイレでお楽しみの時間を過ごした、自分に惚れているはずのギャルズが、週刊誌に被害者のような顔で密告することなど考えてもいなかったのだろう。

有名人の場合、最初から週刊誌や敵陣営などへの情報提供を狙って近づくい

(27) デヴィッド・フィンチャー監督『ゴーン・ガール』（2014年、アメリカ）。ロザムンド・パイク、ベン・アフレック主演のミステリー映画

わゆる「ハニートラップ」を警戒する人は多い。しかし、そのようなトラップではなく「お互い好き合っている上に既婚であることは了承済みで付き合う割り切った恋人」が告発するなんて夢にも思わない、という人がほとんどだ。実際はハニートラップよりも、もともとは密告を目的としていたわけではない、浅はかだけど悪気のない愛人たちによる告白の方がよほど現実味があるのだけど。

特にメディアで活躍しているわけでもない人の場合、「ハニートラップ」を警戒するかわりに「やばい女」を警戒する。女には割り切って大人の遊びを共有する都合の良い愛人と、騒いだりバラしたり家庭を壊したりする都合の悪い愛人の二種類がいると思っているのか、前者と遊んだ気になって、すっかり安心している人が多いのだ。しかし女が生まれつきに二種類なわけもなく、実際は一人の人間が如何様にも変化しながら、時に都合が良くなったり悪くなったりする。もちろんそれは男の勝手な立場から見た女の姿であって、別に男の都合のよし悪しのために変化するわけではなく、当然女は女で身勝手に自分の幸福や快適を追求しているのだが。

さて、先の弁護士の言葉はやや不思議に思えるかもしれない。厳密に言えば「全ての愛人」が告白するなんてことはないし、浮気しても無傷でのうのうと幸福な家庭を守りつつ、愛人の告白に苦しむことなく生き延びている男はわんさかいる。しかしよく聞いてみると実は真実が含まれる。「傷ついた愛人」は自分の不貞を晒してでも、男の罪を告発するのだ。

夜の街で働いていた頃から、遊び人の男は文字通り数え切れないほど見てきたが、そのことによって家庭が壊れたり、トラブルに巻き込まれたり、財産を失ったりした人というのはそう多くはない。

思い出すのは、たとえば恵比寿の飲み会で出会った代理店マンのヤマダ（仮名）さん。小学生と二歳くらいの子供がいて、仕事は結構精力的に取り組んでおり、夜は毎週二回は後輩が集めた女性たちと飲み会、うまくいけばそのままラブホテルに行って、深夜のうちに帰宅、「どんなに遅くなっても朝は必ず八時半までには会社に行くのが俺のポリシー」となぜか偉そうに言っている人だった。「女の子は眠そうならそのままラブホ使っていいよって言ってあげるよ」とまたなぜか恩着せがましいことも偉そうに言っていた。

彼は基本的にそれほど「深入りしない」タイプだったが、飲み会で出会った、グラビアの仕事を時々しているという女子大生とは、飲み会の帰り道だけでなく、その後何度か出張中のホテル、会社の休憩中にラブホテルなどにも呼び出して、一度は彼女の家にも遊びに行った。「タクシー代は出すよ」と言って呼び出せばホイホイやってきて、ことが終わるとさっぱりした顔をする彼女を、割り切ったエロい女性だと思い込んでいたが、全く別件の飲み会でいい感じになった別の女の子とホテルに行ったら、その子が彼女の大学の同期生であることが判明。それを知ったグラドル大学生の方は会社の前で待ち伏せし、「奥さんにバラす」と脅されて三十万円払った。それだけで飽き足らず、彼の会社の後輩女性にも関係を密告され、二ヶ月くらい振り回されながら、「可愛いけどやばい女だった」とぼやいていた。

もう一人、これは私の大学の先輩のイシイ（仮名）さん。婚約中から二股をかけていた彼は入籍後、結婚したことを話した上で妻ではない女性の方と密会を続けていた。彼女は「結婚願望がない。男の浮気とかも気にならない」と言っていた上に、せいぜい会うのは月に二回程度のセフレのような関係だったために、特に罪悪感は持っていない様子だったが、何となく惰性で会うのも面倒になってきて、彼の方がフェイドアウトを狙うようになった。しかし彼も何となく早く帰る気分じゃないときは相変わらずつい彼女の自宅によってはセックスすることをやめず、普段の連絡はおろそかに、「切れるなら切れたでいいや」という露骨な態度を出すようになった。そのうち彼女は彼の自宅を調べ上げ、郵便受けからスプレー缶を突っ込み部屋をペンキで汚すなどの嫌がらせをして、結局ビビった彼は警察に相談する事態になった。彼もまた「さっぱりしてるフリして怖い女だった」とぼやいていた。

イシイさんと付き合っていた女性を私は直接知らないが、彼の話を聞く分には、もちろん生まれつきのサイコビッチであるわけではない。ヤマダさんの方に至っては、彼が「やばい女」と呼んだ彼女はもともと私の親友のバイト友達だったのでよく知っているが、別にツノが生えているわけでも、妄想癖があるわけでも、異常行動が目立つわけでもない、常識的な子だった。

彼らの自分勝手な言い分を聞いているとよくわかるが、彼らに人を傷つけたり人の人生を振り回す悪気は全然ない。ただし、特徴として顕著なのは、自分の目の前に見えている現実以上のことは何一つ想像しない、自分という人間と自分に関わっている女性が同じように人間であり同じように人生を生きているという発想がからきしないということがある。

男に人生や生活や目的や楽しみや気分があるように、女にも人生や生活や目的や楽しみがある。当たり前すぎて誰も口にしないが、それはそうだ。浮気相手に恨まれるタイプの男というのは、目の前で楽しんでいるように見える女が、「自分の目の前でセックスを楽しんでいる女」以上の存在だとは一切思っていない。しかしもちろん彼に見えている姿の後ろに、彼女たちの人生や生活があるわけで、そのことに対する圧倒的な想像力の欠如は、次第に態度や行動ににじみ出て、人間として尊重されていないことに気付いた彼女たちは、たとえ自分が当初その関係を楽しんでいたのだとしても、何かのきっかけで恨みを持つようになる。そして当然、人間扱いされないのだから、人間らしい振る舞いをする義理もなく、平気でモンスターになる。

彼らのもう一つの、最大の特徴は、何一つ犠牲にする気がないことだ。彼らが支払うのはせいぜい一〜二万のタクシー代やホテルの料金くらいで、自分の楽しみのために自分の何かを犠牲にする気は全くない。犠牲というのは何も、高額なお金を払うとかいうことだけではなく、何か妻の不安や愛人の不満を埋めるための努力をしたり、自分の時間を作って人を喜ばせたり、悪いことをしている分、その百倍よいことをしたり、そういうことを全部含むが、他人に損をさせているという罪悪感がない彼らは、自分が実は不当に得をしている自覚もないため、そういった努力など全くしない。なぜかウィンウィンの関係だと思ったり、イーブンな関係だと思ったりするらしいのだが、彼以外誰も得はしていないのだ。

よく考えてみればすぐにわかることだが、彼らの、安定した家庭は欲しい、でも刺激的な夜も欲しいという行動は、他人に犠牲を強制している。単に時間だけを考えても、妻が自分と過ごす時間を奪って愛人と会っているわけだし、愛人が他の男と出会う機会を奪って自分に付き合わせているのだ。もし彼らが何かを犠牲にしたり、そのために弛《たゆ》まぬ努力をしたりすることを、さらさら考えてもいない場合、彼一人だけが、何一つ不満のない生活を送り、そのために少なくとも二人以上の人間が、不満のある生活を、彼が原因で送ることがある。

そしてこの、無自覚な「自分だけ得してる」構造に、女たちが気付くのは時間の問題。

私は男も女も禁止されていることをすると気分が高揚したり、興奮したり、最高に楽しかったりするのはよくわかる。私自身も、清廉潔白な生活を送ったことなんてない。しかし、悪いことをする人は、実は悪いことを全然しない人に比べて十倍も百倍も努力をしなくてはすぐに破綻する。破綻してこなかったとしたら、単にものすごく運がいいだけである。逆に言うと、妻に密告されたり、慰謝料を請求されたりすることと無縁で、トラブルなく「悪さ」を楽しんでいる男性たちは、自覚的であるにしろ無自覚であるにしろ、妻や愛人に、「普通の真面目なパートナー」がする何百倍もの幸福感や満足感を与えている場合が多い。もちろんそれが金銭であることもあるし、特別な趣味や最高のセックスだったりすることもあるだろうが、何にしろ、「自分だけ得」にならずに「相手も得」な関係を作っているのだ。

世間は愛人は共犯なのだから被害者感情を持つのはおかしいと怒るだろうし、それはある意味当然の意見なのだが、愛人を被害者気分にさせずに、幸福にさせて、親切にすることは、結果的に彼女たちの人間らしい行動の呼び水となり、家庭や仕事など自分の愛するものを守ることにもなる。

不倫のセンスはカルチャーとは関係ない

カルチュラル・スタディーズの古典的名著『サブカルチャー』[28]の著者であるディック・ヘブディジは同書の中で「サブカルチャーはノイズである」と語った。ヘブディジには悪いが彼がヘゲモニー（指導権）に挑戦するものとして位置付けたそのサブカルチャーのノイジーな感じを私は、全く切り離された文脈で時折感じている。

さて、カルスタの名著の話は眠いので、話を数次元レベルの低いところへ誘うことにしよう。私の知人に、東京近郊で映画の上映会などを頻繁に開きつつなんか本棚だらけで耐震性ゼロっぽいカフェバーを経営しているモコ山という男がいる。カフェの本棚にある「ガロ」のバックナンバーや異様に絵が下手な

(28) D・ヘブディジ『サブカルチャー――スタイルの意味するもの』（1986年）

割に値段が高い大判の漫画はもともと彼の私物で、ブックスタンドには彼が大学時代に手作りした「ノア」と「アンコ」という粘土製人形が使われている。

　彼は二十五歳の頃に大学院時代の彼女と結婚した。おそらく私も知るその絨毯みたいな素材のパーカーを着ていた女が人生初の彼女である。そして絨毯パーカーにすら縁遠かった二十歳そこそこの童貞時代、私は彼のパソコンに保存してあった音源で、みうらじゅんがもう一人の引き笑いが汚いおじさん(29)とセックスのBGMについて語っているのを聞かされた。横で下ネタと音楽についてあえて照れを隠して話すモコ山の眠たい説教にはなんの興味もなかったし、そもそも当時の私にとってセックスとは、「テープチェンジするから水上げてー」とかいう監督の声を聞きながらするものであったため、よく私もそんなこと覚えているな、と思うのだが、逆にいうと彼とはかなり長い期間、似たような場所で勉学をともにしていたにもかかわらず、特記すべき思い出はそれくらいしかない。

　枯葉みたいな色の上着を着た彼はとある近代思想家の著作を読む勉強会で、料理のうまい絨毯パーカーちゃんと知り合い、それからはそれまで大学の友人

(29)テレビ朝日系列で放送されていた『タモリ倶楽部』のコーナー「空耳アワー」でタモリさんの隣に座っていた安斎肇は、実は父も画家というサラブレッドなイラストレーター

や岩手県内の高校の上京組同窓生などと顔を出していた爆音ゴダールナイトなどに絨毯と来るようになった。一応連れ歩いてはいるものの、別にバカップルみたいにチュッチュするわけでもなく、モコ山はモコ山で無表情を決め込んでいた。あたかも自分は十代からの青春、デレデレ女のケツなんか追いかけている男たちとは違った尺度で世界を見ており、別のものを愛し別のものを深く考えていたので、彼らのことなど微塵も羨ましくなかったし、絨毯をまとった彼女ができたことくらいでその態度を崩すつもりはない、と言わんばかりに。

彼ら二人が揃っているところを最後に見たのが、当時誰かの自宅で鍋をしながら『ELECTRIC DRAGON 80000V』[30]（浅野忠信が雄叫んでる映画）を観るというしょうもない会合であった。絨毯ちゃんが自宅でグリーンカレーを煮て、それをタッパーに入れて持ってきてくれたので、それを一緒にコンロで温めてみんなに支給した。三人もの男が自宅でグリーンカレーを食べるのを見たのはそれが最初で最後である。その会合の一年後くらいに結婚したらしいのだが、私には別に連絡はなく、さらにその三年後くらいに誰かから聞いた。

さて時は経ち、五年以上前からなぜかモコ山にモテ期が訪れている。という

（30）石井聰亙監督『ELECTRIC DRAGON 80000V』（2001年）。浅野忠信と永瀬正敏主演の短編特撮アクション映画

本人の談がどこまで真実に基づいているのかはよくわからないのだが、とにかく彼の周辺に彼を慕い、彼にLINEしてくる女の子たちがいる。私は会社を辞めてフリーになったタイミングで久しぶりに彼や彼の友人と連絡を取るようになり、頻繁とは言わないがたまにフェイスブックのグループメッセージ機能で連絡を取ったり、さらにごくたまに会ったりしていた。そのような場に彼は今も東京から一時間半くらいの場所で一緒に結婚生活を送っている絨毯パーカーではなく、モップみたいなニットを着ていたり、カーテンみたいなスカートを履いていたり、タオルみたいなジャケットを羽織っていたりする、絨毯ちゃんより全体的に顔面偏差値が十二くらい高い女の子を連れてくる。そして、グループメッセージで彼女たちのことを「恋女《こいじょ》」と呼ぶ。

「恋女」、それは、絨毯の妻とは別に僕の周りを彩る女の子たち。妻との性生活が不満とか、スリルが欲しいとかいう理由で、結婚を前提として楽しむ関係は「不倫」「愛人」だが、もっと純粋にお互いの好きな話をしたり、セックスしたり、ご飯食べたり、また話したり、そういう関係を紡ぐ相手。妻と離婚することなど考えないが、彼女たちを見下す気持ちは微塵もない。恋女、それはとても柔らかく充実した時間。

彼は別に笑いがとりたいわけではない。とにかく、彼は絨毯を着ながらも資格をとって保健師となり、爆音でゴダールを観ている場合じゃなくなった妻ではなく、モップやカーテンを連れて、自分が主催する上映イベントなどの現場に赴く。そしてリアルタイムで聞いていたラジオ音源やスチャダラパーのBoseくん(31)とのツーショットなどをわざわざ持ち歩いて、自分の経営するカフェバーで恋女を順調に増やしている。

実は知り合いにもう一人、愛人を変な名前で呼んでいる男がいる。映像作家を名乗りながら何の映像を撮っているかはイマイチ不明なおじさんで、高円寺に住んでおり、民泊の経営を始めようか考えていた。彼には、大学講師をする妻がいるが、一時期、京王線沿いに住む彼女の家によく上がり込んで、エビを焼いたり昆布で出汁をとったりしていた。そしてその土みたいな色の服を好んで着ている(写真しか見たことないのでこのあたりは私の偏見である)編集アシスタントのことを彼は、「愛奴《あいど》」と呼んで愛でていたのである。

(31)伝説的ヒップホップグループの中でも最も破壊力のある名前。ただモコ山は単にサイン会に行って写真を撮ってもらったのだと思う

別に人が愛人を何と呼ぼうが私は傷つかないし本人の自由なんであるが、恋女とか愛奴とかいう造語を作るノイジーなセンスは大変鼻につく。なんだよ恋女って。

彼ら二人の、あるいは彼らの連なる文化系男子卒サブカルおじさんたちの共通点を、偏見にまみれた私が悪意を持って挙げるとしたら、生物的に優れないことである。ひょろっとしていて身長も低くて胸板も薄くて髪の毛の質などもイマイチ頼りない。足も遅くてジャンプ力もないし虫が苦手、風邪もひきやすい。アフリカの未開地域なら瞬殺されるほどの生命力でも、安全安心で水道水まで飲める日本では生き延びる。しかし生き延びられるがために、彼らは彼らで胸板マンたちを横目に幸福追求をしなくてはならない。

で、ここからが特徴的なのだけど、常識的な人はそこでエリートを目指す。経団連や知事会の面々に、筋骨隆々な人が少ないというのはよく言われることで、足が遅くてちっちゃくて小学校という第一の狩場でヒーローになれなかった彼らは、地道に勉学を極め、東大に入って都市銀に入って派閥を作って生き抜く。わかりやすいが、批判のしようもない。イケメンじゃないならお金を貯めるというのが人間が最もわかりやすく魅力を獲得する手段だし、そうやって美しき伴侶とさらに美しい愛人を見つけた男たちで伊勢崎あたりに明かりがともる。また、彼らのように東大に入れない男たちの中には、アウトサイドで生きていく選択をする者もおり、刺青で虚勢を張り、銃を持って腕っぷしの弱さを克服し、盗んだバイクで足の遅いのを挽回する。そして都市銀の彼らよりは若干薄汚れてはいるものの、一応小金などを稼いで女のケツを追いかける。

さて、恋女愛奴のサブカルおじさんたちはもっと屈折の仕方に可愛げがない。胸板ヒーローたちを横目にいつか俺も出世してあの美人を胸に抱く、とは考えず、胸板ヒーローの価値観を無視して、また彼らに追随するエリートくんやヤンキーくんの存在をあえて軽視することで、独自路線を敷こうとする。そんな彼らは音楽を聞き、汚い絵の漫画を読んで、世の役には立たないが、仲間内で見栄を張ることに特化した知識を身につけ、ニヤリと笑いあっている。俺はメインストリームとは違う、あいつらが追い求めているものを目指さない、というスタンスを崩さない。モコ山が無表情を決め込んでいた理由もこのあたりにあると私は見ている。

だがしかし、胸板マンにも、それを素直に追随するエリート商社マンにもならなかった彼らも、ある一定の暗黒の季節を乗り越えると、自分に胸板マンの俊足や商社マンのゴールドカード、あるいは不良くんたちのバイクのような武器が身についていることを覚える。つまり、彼らはお金のかわりにカルチャーもまたメスを惹きつける武器になることに気が付くわけである。

最初は控えめに、その武器があからさまに通じそうな絨毯のパーカーを着たような女の子に対してトリガーを引いてみるものの、時代は明らかに流れ、自分があの頃渋谷のタワーレコードで手にしたフリーペーパーなどが教養としてある種の飛び道具的な価値を帯びるようになると、彼らはさらに貪欲に、そのにわか武器を振り回して恋女愛奴などを集め出す。可愛い子ちゃんなんか自分の興味の外にある、としていたポーズが崩れ、欲望だだ漏れである。

しかし、ここまでは日本が高度に文化的に成長した社会であることを物語ることでもあり、彼らのような生物的に優れない人たちにスポットライトが当たることを、私はそれほど苦々しくは思っていない。往生際が悪いのは、かつて無視して、しかし武器を手に入れて和解したはずの煩悩に、「恋女」なんていう造語を当てはめて、あくまで自分はメインストリームではない、と言い張るような態度である。都市銀の役員が銀座のお姉ちゃんを連れて箱根に行くのとは本質的に違う行為を自分がしている、とでも言いたいのだろうか。確かに、あんまりデートにお金がかかっていなくて、あんまり羨ましくないという点では違うが、本質的には何一つ変わらない。

そして彼らのわざわざ造語を作ってまでしたがるモテアピールが極めてノイジーなのは、彼らは結局自分の庭からは出ないからである。彼らの恋女ちゃんや愛奴ちゃんたちは、絨毯よりはおめかししているものの、彼らの「イケそう」な範疇を出るものではない。なんか、カラオケでフィンガー5とか歌っていそうなクラスタである。これで彼らがカルチャーを武器に歌舞伎町のナンバーワン嬢を抱く度胸があるならモテアピールを聞いてやってもいい気にもなるが、カーテンやモップに包まっているうちは、奴らの話は聞くに値しない。需要のある場所に安住し、自分がそもそもスペックが低いがゆえにその武器を身につけたことも忘れ、「一般」というもっと強固な狩場に出て現実を知ることを拒む。歌舞伎町でのみ、なぜかタテガミみたいなホストの前髪がもてはやされるのと、全く同じ構造だ。

屁理屈が大好きな彼らはそういった指摘に対し、「歌舞伎のバカなキャバ嬢にも、丸の内のつまんないＯＬにも興味ないからなぁ（笑）」などと、別に「イケない」わけじゃないと言わんばかりに自らを正当化し続ける。で、「同い年の男の子のウェイウェイした感じはちょっと苦手」なんて言ってる可愛い子たちに、「モコ山さんの話、本当面白い」なんて言われて鼻の下を伸ばす。話の面白さなんて、かっこよさを補うものであって、ないかっこよさを生み出すわけでもないのに。

ヘブディジはこうも言っている。「落書きは無力の表現であり、ある種の力――ものを醜くする力――の表現でもある」。モコ山が童貞時代に作っていた「映画バカのためのラング」という面白みのかけらもないタイトルの同人誌を思い出し、さらに彼オリジナルの「アンコ」という謎の動物の絵に添えられた「スタイルは戦い」という落書きを思い出し、彼に降りかかるべき些細な不幸を心から願わない日はない。

残酷な試金石

一九八三年生まれの私にとってコムロというのは特別な響きを持つ名前で、二〇一八年のコムロ事変、不倫疑惑報道後に引退発表をした一連のあの騒動については今もよく覚えている。当時の妻である元globeメンバーの病、不倫報道、そして突然の引退宣言。不倫報道という点で何が面白かったかというと、世間が長く続いた不倫スキャンダル・ブームに辟易していた、とかいうことでは全くなくて、不倫報道がちょうどいい試金石になり得る、ということだった。

コムロさん引退会見直後のネット空間は、「やめないで」と「文春許すまじ」の嵐で、「不倫報道にはもううんざり」なんていう言葉もしばしば目に入った。ただ、おそらく「不倫報道なんてもううんざり」というのはやり場のない感情につけたとりあえずの名前であって、たとえばここで人気芸人が六本木ヒルズの多目的トイレに女を呼び出して十分の不倫を繰り返した、なんていうニュースが飛び込んできたら、今回週刊誌に怒っていた民衆たちも含めて多くの人がそれを歓迎するんだろうな、と思って見ていたら、実際そうなった。

不倫をすると敵が増える、という人と、不倫をするとなぜか味方が増える、という人がいるらしい。これが、レイプや強盗など、明らかな被害者がいる犯罪であればこれほど顕著に反応が分かれることはおそらくない。「フライデー」の報道を受けて二〇一六年に引退した某イケメン俳優クンの場合も、あれがおクスリ疑惑と性的嗜好という極めてわかりやすく「被害者のいない」スクープだったからこそ、あれだけ味方たちが激昂したのである。

ではなぜ、「ゲス」案件や「五体不満足」案件のときはあれだけスキャンダルを歓迎した人たちが、コムロさんのスキャンダルを拒絶したのか。何も単純な好感度の高さや知名度による差でもない。好感度が高ければむしろ裏切られた感が強くて大衆の怒りを買う、なんていう事例はいくらでもあるだろうし、知名度がそれほど高くないのに不倫報道によってグッと有名になった、なんていう話だってあるだろう。というかそもそも「ゲス」のお相手さんなんてまさに好感度がバブリーに高いタレントだった。

さて、コムロさんについてちょっと考えたい。先に述べたように私はドがつくコムロファミリー世代である。私の場合プロデューサー云々以前にディープにアムラー[32]だったのであるが、いずれにせよＴＫこそがＪ－ＰＯＰで、カラオケの持ち歌で、青春で、ニッポンの頂点だと疑わずに育った世代である。ＴＫプロデュースの文字こそ盤石であった。

コムロファミリー[33]の楽曲は「一言で表すのが難しい」の対極にあると思うので、一言で表すと、「それほど深刻にやばくはないけどそれなりに色々ある普通の人たちのためにとことんある」ということだ。だからこそ全てに開かれたその態度が本当に全てに受け止められて、彼自身が世界の頂点に座ることになったわけで、奇跡的に輝くものはやはり大衆とともにある、という真理を示して見せたのである。

さて、ここで想像してみる。コムロファミリー熱が特に盛り上がっていた九〇年代半ば、ＴＫ本人は超人気歌手となった秘蔵っ子との交際姿をマスコミに晒し、その恋愛が幕を閉じたと同時に同じくファミリーのＢガールとのツーショットが写真週刊誌に載り、しばらくたってから本家globe内で結婚をした。まぁまぁファミリー内酒池肉林とも思うが、もしそこに不倫の一つや二つ混じっていたとしても、それなりに楽しんでそれなりにディスる、そんな世間の反

(32) 安室奈美恵になりたくてなれなかったがせめてファッションを真似したいという悲痛な女子たちのこと。1996年の流行語

(33) 代表的なところではtrf、安室奈美恵、華原朋美、globeなどが思い当たるが、浜ちゃんや内田有紀もいた

応を許容する余裕があった。少なくとも「朋ちゃんかわいそう」だとか「今の妻が歌うアイムプラウドってどうよ」だとか、それくらいの批評は寄せつける緩さが実際にそこにあった。

人は、確かに大切なものを叩かれたら怒るが、その大切なものが盤石であれば多少の痛手などそんなに気にしない。ＴＫそのものに、詐欺による逮捕や妻の病状など、笑えない影があるからこそ、彼を愛する人はそう簡単に彼に触ってほしくないと感じる。それはある意味、人間の大変に素直で深い善意でもあるし、暴力的な正義でもある。おそらく、成宮事件のときにファンが「週刊誌死ね」とまで怒ったのも、彼の柔らかい部分の痛みが「笑えない」と判断されたからであるように思う。

人は愚かで、嘘つきで、利己的で、浅はかだ。成功者の失敗が大好きで、人の足を引っ張り、嫉妬心をすぐに恨みに変え、自分の幸福に繋がらない人の不幸まで楽しむ。これからも、不倫報道を「飽きた」「どうでもいい」なんて言いつつちゃっかり受け取り続けるのだろうと思う。だって、不倫なんて本当に第三者からすれば死ぬほどどうでもいい、しかし、本人たちにとってはダメージの大変強いものであって、小説にして楽しんだり、映画にして味わったりするのとほとんど同じテンションで、外からヤンヤヤンヤと言い続けられるからだ。

それでも、何かの境界に触れようものなら、野次馬だったはずの観衆が一気にそっぽを向いて、当事者を庇おうとするのだ。それはある意味、人間の善意に対してとても心強い気持ちにさせられることで、その仕方がややバカ丸出しで無意識的であったとしても、何となく気分が明るくなる。不倫は触れてはいけないところと、どんどん触れてもすり減らないところを見分ける試金石になり得る。そういった意味では「ゲス」カップルや「五体不満足」作家や20世紀少年先生や笑点師匠が、いかに盤石だと信じられているか、という、また別の意味での明るさも提示しているように感じたし、盛り上がったヒロスエ報道も、女優本人への圧倒的な信頼があるからだと信じれば多少はたくましい気持ちになる。

第三章

婚外恋愛の現在地

多様性の例外

ヴァレリアン・ボロヴツィクの映画『インモラル物語』(34)は、四つの異なる時代と場所で繰り広げられるあまり常識的・模範的とは呼ばれなそうな性の営みをそれぞれ描いたオムニバス作品だが、四つの物語の冒頭にラ・ロシュフコーのこんな言葉が引用されている。「いかに愛が心地よくとも　愛の多様な形の方が遥かに心地よい」。ラ・ロシュフコーの、あるいはボロヴツィクの真意がどこにあれ、私はこの一文を、自分にとってどんなに心地のよい愛を見つけても、それを心地よいと思うように他者に強要してはならない、という訓辞のように心に刻んでいる。

愛の多様な形というと実に聞こえはいいが、愛が必ずしも自己完結するものではない以上、誰かの自由な愛は別の誰かを巻き込み、必ずしもそれを心地よいと思わない者の犠牲をはらむこともあり得る。たとえば一対一のカップルにおいて片方が互いに同意の上で他の人とも性的な関係を持つオープン・リレーションシップに心地よさがあると主張しても、もう片方がそれに堪え難い居心

(34)ヴァレリアン・ボロヴツィク監督『インモラル物語』(1974年、フランス)。全4話で構成されるオムニバス映画

地の悪さを感じるかもしれないというのは容易に想像できるし、あるいはカップルのうち一人が性的な営みのない家庭を心地よく感じるとしても、もう一人がそれを苦痛に感じるというのも想像できる。

愛の多様な形を認めるというのは基本的に西洋現代社会が同意する方向性ではあるし、日本でも私が十代だった一九九〇年代、あるいは私の母が十代だった六〇年代に比べて、LGBTQへの理解などは格段に進み、また結婚という形への圧力も相対的に弱くなってはいる。それと同時に人権意識や子供の権利を守る意識、政治的な正しさを追求する意識、差別的な構造を是正する意識などはこれまでになく強くなっているわけで、現代的な人権感覚やフェミニズムを一切脅かさない形に限るというただし書き付きの「愛の多様な形」については、当然意見の対立や議論が絶えない。

二〇二三年後半は英BBCが報じた旧ジャニーズ事務所社長による所属タレントへの性加害問題が徐々にあらゆるメディアを巻き込んで大きく社会を揺るがし、結果的に同事務所の社名変更と被害者への補償業務への専念が発表された。これまで一部出版社がその疑惑を報じ、被害者の告発本が出版され、裁判にもなっていながら、芸能界のタブーとして多くの市民が長い間「何となく知ってはいるものの黙殺している」状態だった元社長の「愛の形」は大きな犠牲を伴いながらようやく加害と認定され、否定されることとなった。

そして年末から二〇二四年の年明けにかけては、お笑い芸人の実質的な頂点と見なされてきた某松ちゃんの女性関係をめぐるスキャンダルが「週刊文春」によって報じられ、「事実無根」と言い残した本人は裁判に集中することなどを理由に芸能活動の休止を発表した。後輩芸人たちが女性たちをパーティーに誘い、女性の一部は性的な関係を求められたとする報道の内容が多くの市民の怒りに触れたこと、彼の過去の発言や九〇年代を中心とする露悪的な番組での振る舞いがもともと一部視聴者に反感を持たれていたことなどで、批判の声は日に日に大きくなった。不同意性交、性加害に当たるとする声も多く、これまで同誌が数多く報じてきた著名人の不倫スキャンダルとは様相の違う反応が引き出されている。

二〇二三年は改正・施行された不同意性交等罪によって、性的な関係における同意の有無が問題視されるようになった年でもあった。相手の同意を得ず、もしくは同意しない旨を表明することが極めて難しい状況を利用して性交などを行った場合に犯罪が成立する、という説明は一見誰もが納得する、双方の人間の意思を尊重したものである。多様な愛の形を認めるとはいえ、二人以上の人間が参加する行為で、一方の人間の意思が一切配慮されずに無視されるのであれば、これすなわち人権無視だというのは普通の大人ならわかる。

ただ結婚など法的な手続きを必要とするものならともかく、密室で、時に多少の酒気帯びで、多くの場合二人きりで結ぶ約束は、後からそれを証明するのはとても困難で、逆にいえば同意があると認識していたはずが後からなかったと言われるリスクは多分にあり、一部の否定的な、あるいは戸惑うような反応を目にすることがある。アプリや契約書を使うという案が上がっても、二人の間の権力関係や男女の腕力差によって、正直な気持ちを言える状況ではないとしたらどうか、と懸念は尽きない。

女性によっては威圧的に感じるとされる壁ドンが流行語となったのはすでに十年前だが、これまで日本で発表された漫画やドラマ、映画、小説、ポルノなどが描く、官能的でドラマチックな場面というのは現法に照らし合わせると不同意性交を多く含むものが少なくなかった。ちょっとした戸惑いやためらい、イヤやダメという言葉を全て不同意と見なした場合には、少なくないどころか大部分の愛の形が不同意性交に始まっているようにすら見える。男性作家が描く女性像の諸問題はフェミニズム文芸批評などが担ってきたが、実際は少女漫画やBL漫画、少女小説など圧倒的に女性作家の多いジャンルでも強引な手段でロマンチックな場面に突入する描写はかつて結構多かった。

矢沢あい『Paradise Kiss』[35]の主要登場人物でカップルの嵐と実和子は嵐による強引な欲望の発露から愛が育まれたという設定だし、岩井あき『阿部くんに狙われてます』[36]序盤のハイライトは逃げようとする主人公あかりを阿部が半裸で振り解けないほど強く抱く場面だし、キリシマソウ『桜色キスホリック』[37]では主人公の桜子が自宅前で倒れていたイケメンを保護したところ、失恋話をしていたらいきなりキスされるわ、寝ぼけているあらゆる箇所にキスされて起きたらなぜか裸になっていたところから物語が転がっていく。BLに至っては男同士という関係性が何かしらの安全装置と見なされるのか、かなりあからさまに嫌がっていたり痛がっているところを無理矢理組みしだくシーンで溢れてい

(35) 矢沢あい『Paradise Kiss』(全5巻)。「Zipper」にて1999〜2003年連載

(36) 岩井あき『阿部くんに狙われてます』(全13巻)。「別冊フレンド」にて2019〜2024年連載

(37) キリシマソウ『桜色キスホリック』(1〜5巻)。マンガアプリ「Palcy」にて2018年〜連載中

る。

文豪の小説にも寝ている女を襲ったり、やめてくださいという者の声を無視したりする性的な描写は多いが、ポルノ分野は顕著で、王道のＡＶではイヤ、ダメと恥じらう女子たちが次第に感じて積極的になるというお決まりの展開が繰り広げられる。私の初期の出演作の多くもそうだった。日常経験の面でも、セックスした後にそれまでそれほど特別な思いを抱いていなかった相手に対する執着や独占欲が育まれるというのは自分にせよ周囲の友人たちにせよ、ない話ではない。

こうした傾向は五十年前に比べて現代ではやや変化が見られているのは確かだが、少なくとも私はそうした作品を多く見て育ち、また憧れる気持ちもあった。現代的な同意・不同意を厳密に捉えた場合、こうした愛の形はまとめて否定され得るのだろうか。多くの大衆の支持を集めた壁ドン的な展開の物語は、許される愛の多様な形から弾かれるのだろうか。

私は別に不同意性交等罪について反対の立場をとらないが、正直、描かれてきた不同意に始まる性的な行為を含む愛がそれによって否定されるようにも思わない。同意・不同意の有無で問題視されているのは結局は人の傷つきに他ならない。本人の意思を無視して強引にセックスしてやろうなんていう者は言語道断だとしても、事前に同意の意思を表明していないことを後から思い出させるのは事後に芽生える思いだ。愛の行為と思って戸惑いながらも応じた後に、相手が身体目当てだったと感じたり、恋人になれると思ったら相手には別の本命がいたり、セックスの直後から相手の態度が雑に豹変したり、セックスの対価にもらえるはずだったものがもらえなかったりしたとき、人はその性行為を悪意あるものと感じ、遡って事前同意の曖昧さを許しがたく思う。逆に人として尊重され、モノ扱いされず、愛を感じ、また自分もその愛に応えたいと思った際には事の始まりはロマンチックな漫画の一場面となる。

移り変わる常識や法律、人々の意識を文字通りとって窮屈な世界だと断じる向きがあるが、愛の多様な形は守られると個人的には信じたい。人が人をモノ扱いせず、愛を持って行動し、相手を幸福にしたいと考える限りは。

令和日本の結婚気分

宮藤官九郎と大石静の共同脚本で話題となったNetflixドラマ『離婚しようよ』(38)の冒頭では、国会議員である夫の浮気とその報道によって愛と平穏が戻らない寒々とした家庭の様子が描かれる。人気女優で夫の地元での人気取りに多大な貢献をしている妻は事あるごとに女子アナとの「路チュー写真」についてを蒸し返すし、基本的に善人ではあるものの二世議員特有の危機感のなさや時代感覚の鈍さによって自分の欠点が何一つ見えていない夫も夫婦間格差や家庭内の冷たい空気にうんざりしている。そしてちょっとしたきっかけでお互いが離婚を決意することから物語は転がり出す。

その後、物語はパチンコアート(ってなんだ……?)を作っている高学歴変人の登場や彼に傾く妻の心、夫の元浮気相手の女子アナの生存戦略、夫の地盤のある地方から落下傘候補として出馬する野党代表との一騎打ち選挙など、複数方向へ展開し、選挙ドラマとしても女性の人生ドラマとしても観られるのだけど、基本となる夫婦というテーマを抜き出してみると、現在の結婚観、家族観の流

(38)『離婚しようよ』(2023年、TBSテレビ制作・Netflixシリーズ)。宮藤官九郎・大石静脚本、松坂桃李主演

動性や二面性を言い当てているようで大変面白い。夫婦、浮気、離婚について我々が主に二つの強固な考えを都合によって使い分け、そしてその使い分け自体に若干苛立っている様が、いくつもの層によって描かれているのだ。

夫の浮気を理由に離婚を考える妻に対し、家庭の空気に堪えられなくなりつつある夫もまたそれほど異存がない。しかし父親から受け継いだ地盤を彼一人で守る力がないと知る姑は二人の希望を受け入れようとしない。浮気報道にストレートに怒る妻に対して姑が語る自身の夫婦観は大体以下のようなものだ。

「愛なんかよりもっと強い一蓮托生の運命で結ばれているの」

「妻という役を演じていればいいじゃない」

「浮気しない男なんてこの世にいないもの。いいこと？　私は正妻で大志の母、選挙で一緒に頭を下げ、勝ったら一緒に万歳できるのは私だけです。あちらこちらの女とは格が違うのよ」

日本の夫婦観は長らくこの、「愛なんかより強い」絆をよすがにしてきた。言い換えてみれば愛なんかは家族づくりにおいて当初は全く重要なファクターではなく、「妻という役」「夫という役」の反復的なロールプレイによって後から生まれ得るものであって、正妻とは愛の形というより職業的な肩書に近かったと言ってよいかもしれない。かつて主流であったお見合い結婚が成立するのは、このロールプレイの先に情が生まれてくる、という考えがあるからだし、思えば今も『万引き家族』(39)や『SPY×FAMILY』(40)など、疑似家族とその中に生まれる絆や情は馴染みやすいモチーフとして使われ続けている。形があってその後に感情がある、という建前重視の思考は、決して昭和や平成とともに葬り去られたわけではなく、多様な形で受け継がれているのだ。

世襲与党議員の母という保守的な立場の主張がそうである一方、現代日本の女である女優の妻は傷つけられた自分の気持ちを大切にする。形は感情があって初めて可能になり、家族を成立させるのは愛や信頼であるという、現代的、あるいは米国的な思考をする彼女からすれば、姑は世間体や選挙のために個人の気持ちを蔑ろにする悪者である。夫より自分の方が人気も影響力もある彼女は国会議員の正妻という肩書を必要としないわけで、なおさら形を重視する理由がない。

この二つの夫婦観、家族観はどちらも驚くほど強固なもので、日本の結婚は

(39) 是枝裕和監督『万引き家族』（２０１８年）。リリー・フランキー主演のヒューマンドラマ。第７１回カンヌ国際映画祭にてパルムドール受賞

(40) 遠藤達哉『SPY×FAMILY』（1～13巻）。「少年ジャンプ＋」にて２０１９年～連載中。アニメ・映画化とメディアミックス展開を広げている

この二つの思考の間で揺れ動きながら、そのどちらにも一〇〇%納得することなしに自らの形を決めあぐねているようなきらいがある。『離婚しようよ』でも保守的な姑の意見に耳を貸そうとはしない妻が、今度は自分に夫より心惹かれる人ができ、しかし夫の選挙期間には妻の役割を全うしようとする、そして最終的にはお互いの自由を認める家族の新しい形を模索することになる。結婚について意見が分かれている、というだけでなく、個々人のレベルでも家族や結婚について答えを出しきれずにいる日本の現状は、彼女の揺らぎに象徴されている。

先にも引いたパメラ・ドラッカーマン『不倫の惑星』の中にも、片方の浮気が原因で双方が精神不安定な状況が何年も続いている夫婦が登場するが、著者は米バイブルベルト[41]に住む共和主義者であるその夫婦の「不倫にたいする考え」は、ニューヨークの進歩主義者のそれとほぼ同じだ」と、あれほど二大政党制が地についている国の中で「こと不倫にかんしては奇妙なまでに意見が一致している」ことを指摘する。婚外セックスや愛の不在に一貫して手厳しい米国では、浮気を許せと諭す姑も、離婚前に自分も不倫に足を踏み入れようとする妻

(41) アメリカ南部から中西部にかけて、熱心なプロテスタントらが多いとされる地域

も登場しない。当然、愛や感情を見失えば形は意味を持たないので離婚率は非常に高い。日本でもこの米国的な価値観は特に近年の不倫報道への激しいバッシングに象徴されるように徐々に侵食しているわけで、『離婚しようよ』の妻も当初は基本的に米国の不倫観に則って疑いなく離婚事由とするのだが、当然全て切り替わっているとは言えず、保守も進歩主義者も一致して不倫を悪とする米国に比べれば、何を信じて家族を作っていくかについて些か混乱があるのだ。

恋愛結婚がお見合い結婚の数を上回るようになったのは、内閣府などの資料[42]によれば一九六〇年代後半で、二〇〇〇年代は約九割が恋愛結婚を選ぶようになった。特に制度の変更や政権交代のような大分水嶺があるわけではなく、徐々に入れ替わっていった印象だが、現在でも数%から一割ほどはお見合いで結婚しており、ここ数年ではその割合が微量ではあるが増加していると示す国立社会保障・人口問題研究所の調査[43]もある。また、恋愛結婚の形をとっていたとしても、地方や古い業界の中などを覗けば、「浮気は男の甲斐性」的な振る舞いをする人々は今も散見されるし、つい先日も既婚者である人気お笑い芸人

(42) 内閣府男女共同参画局「男女共同参画白書 令和4年版」における「恋愛結婚・見合い結婚の割合推移」より。なおこの調査は(34)のデータに基づいている

(43) 国立社会保障・人口問題研究所「第16回(2021年)出生動向基本調査(結婚と出産に関する全国調査)」における「配偶者と知り合ったきっかけ」より

恋愛結婚・見合い結婚の割合推移

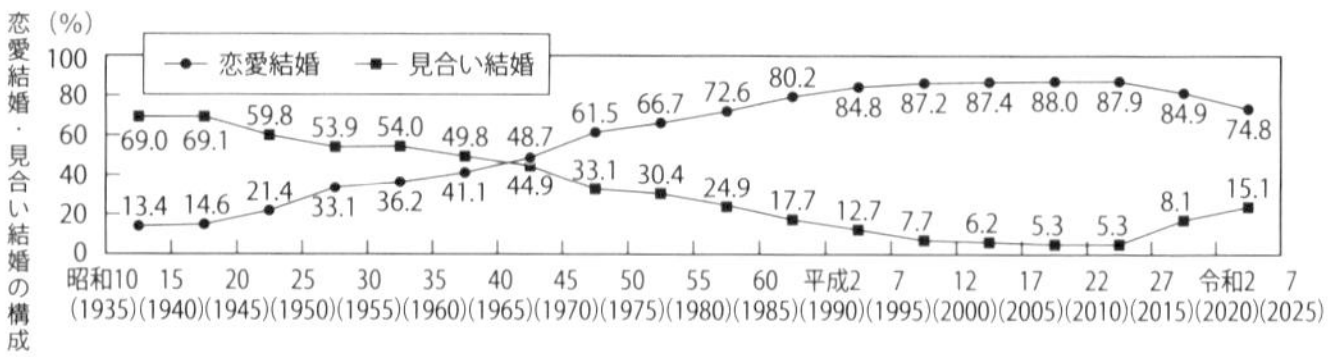

（備考）1. 国立社会保障・人口問題研究所「社会保障・人口問題基本調査（出生動向基本調査」）（夫婦調査）および内閣府「男女共同参画白書」（令和4年版）より作成。
2. 対象は初婚どうしの夫婦。第7回調査（1930～39年から70～74年）、第8回調査（75～79年）、第9回調査（80～84年）、第10回調査（85～89年）、第11回調査（90～94年）、第12回調査（95～99年）、第13回調査（2000～04年）、第14回調査（2005～09年）、第15回調査（10～14年）、第16回調査（15～18年、19～21年（6月））による。夫婦が出会ったきっかけについて「見合いで」及び「結婚相談所で」と回答したものを見合い結婚とし、それ以外の「学校で」、「職場や仕事の関係で」、「幼なじみ・隣人関係」、「学校以外のサークル活動やクラブ活動・習いごとで」、「友人や兄弟姉妹を通じて」、「街なかや旅行先で」、「アルバイトで」を恋愛結婚と分類して集計。出会ったきっかけが「その他」「不詳」は構成には含むが掲載は省略。

の酒池肉林な性行為が一部週刊誌で報じられた。彼らが離婚を望んでいるという場合はとても少なく、盤石な家族の形を保ちながら、外で恋愛や性を解放することをステイタスとする文化はなくなっていない。芸能人や政治家がスキャンダルで失脚する事例は多いが、それらはどちらかというとスキャンダルが出てお騒がせしたことへのお詫びという側面が強く、成功者の足を引っ張るいい口実とされていることも多い。少なくとも「アメリカ人は、伴侶への忠誠を守っているというオーラを発することでステイタスを得る」とするドラッカーマンの分析のような土壌はもともとはあまりない。

建前や形を重視して、中身をある程度自由にする古典派と、中身こそ問うグローバル派の、どちらが正しい家族像であるかここで答えを出そうとは思わない。ただ、建前重視の緩やかな不倫容認の文化が、主に家を正妻が守り、男が外へ出る家父長制や妾制度の名残のもとで醸成されていたのは事実で、その場合には建前重視の古典派が現代的な価値観に嫌われるのは当然とは思う。それゆえ不倫に過度に厳しい米国的なマインドの方に人々が傾きがちなのかもしれない。それがたとえ、ここ日本の風土と食い合わせが悪かったとしても。

あるいはそこに第三の選択肢を挿入するとしたらどういうものになるだろうか。家父長制と縁を切った上で自由度の比較的高い家族像を模索することは可能だろうか。近年の女性作家たちが描く家族の形や、これまで描かれ得なかったものに焦点の当たるテレビドラマなどを見ると可能性自体は感じるものの、それ以上に「家族」という形態そのものへの無理が顕在化していることの方が先に目に入ることも多い。家族に限界を感じたものが、姑息な息抜きではない形で自由を求める場合に家族解消以外の道があるのかどうかは、あまりわからない。

不倫断罪の不気味さ

TBSドラマ『不適切にもほどがある！』(44)は昭和六一年と令和六年がバス型タイムマシンによってリンクし、ポリコレガン無視の（というかポリコレという概念のない時代の）いわゆる昭和のオジサンが令和の現在へやってきてどこか歪んだ現代人の意識に不適切な形で活を入れるという内容で、現時点では爽快と不快の際にあるようなその活がよくも悪くも話題を呼んだ。主人公は昭和六一年に男手一つで娘を育てながら体育教師をする口の悪い中年男で、ひょんなことからタイムマシン機能のついたバスに乗ってしまい、バス内でタバコを吸っている状態で令和の地に降り立つ。当然、昭和の常識の多くが非常識となった令和の世の中で、彼の行動や発言は白い目で見られるが、現在当然のごとく常識として信じ込まれているものを共有しない彼の言葉は、コンプライアンスやポリコレの横文字を思考停止状態で過信する令和人たちの怠慢を指摘するものでもある。

ただ実際の世間の反応はというと、昭和的な思考やその抑圧と現在進行形で

(44)『不適切にもほどがある！』（2024年、TBSテレビ系）。宮藤官九郎脚本、阿部サダヲ主演

戦っている者たちのコメントは割と冷ややかで、人権問題やセクハラ議論などに関して問題ある発言の指摘もいくつか見受けられた。そもそも昭和オジサンが令和を救うというよりは、令和の常識の歪《いびつ》さを外部から指摘する目の役割に過ぎないのだが、それだけ現存する昭和的思考に悩まされる者は今でも多いということなのかもしれない。

そんな中、第八話は、近年過熱しがちだった不倫報道とその余波を扱った内容で、見覚えのある謝罪や批判の光景が映し出される見応えのあるものだった。一度の不倫で仕事を奪われ、閑職に追いやられた元・人気アナウンサーの男性の「再起したい」「反省している」という気持ちを汲みとってやりたい主人公は、彼に再挑戦の機会を与えない会社や、無関係であるにもかかわらず彼を許さないとする「世間」に疑問を向ける。そして実際に街頭へ出て、彼を許さない「世間」にマイクを向けるが、一体なぜ彼の再起を許さないのか、彼の不倫によって世の中にいかなる迷惑が降りかかったのか、一体彼は誰に謝り、誰に許されなければならないのかを問いかけられた世間の返答は頼りない。

彼を許さないのは一体何なのか、何かわからないものによって断罪され続ける彼を「世間」の言うままに冷遇する会社は一体どこを向いているのか、昭和オジサンとともに視聴者もまた腑におちずに立ち止まる。有名人だから仕方がないのか、という気分になってくるうちに、不倫アナウンサーに手厳しい対応をしていたコンプライアンスにうるさいテレビ局幹部が、ホームパーティーに主人公を誘う。そこで繰り広げられる光景は、まさに現代の不倫夫と「世間」の関係の縮図であった。

要はテレビ局幹部は大昔、妻を裏切り妻の友人と浮気をしてしまったという過去がある。夫婦間の会話や家庭の雰囲気を見れば、妻とはすでに向き合い、二人の間の問題は解きほぐされているようである。しかし年に一回やってくるという妻の友人たち、そしてその夫たちは彼の過去を許す様子も彼の言葉を信じる様子もなく、未だに熱量高く怒り、彼を批判・断罪し、説明や謝罪を要求し続けている。「妻の気持ち」を代弁している風を装う彼女たちは実際は妻の制止も聞かず、無関係な立場から彼の行動の愚かさや間違いを指摘し続けるのだ。

思えば少し似た光景を描いた女性作家による文学作品があった。綿矢りさの短編集『嫌いなら呼ぶなよ』に収録された表題作、「嫌いなら呼ぶなよ」である。同書に収録された四つの物語はいずれも、「異常な人」が主人公であり語り手である。それも、自意識がすごいとか面倒臭さがやばいとか、ある意味純文学の主人公としてはステレオタイプだけどその異常さこそ才能とか言われていそうな異常さではなく、現代社会に蔓延《はびこ》る異常さとしてネット空間や週刊誌で名指しされているような凡庸な異常さである。社会の、特にネット社会で大人数のように見える「正常な人」に「異常だ」と後ろ指を指され、時に言葉で分析され、取り締まられ、排除されそうになるような人。バレバレなのに浮気がやめられないヤリチン夫、さりげないカジュアルファッション全盛の今ロリータ服を着てプチ整形を繰り返しカワイくあることに命をかける女、気になるユーチューバーに粘着して応援と称して誹謗中傷コメントを書き続けるファン。

通常は「世間」や「ネット警察」や「普通の人」に、眼差される側にいて、私のような迂闊な文章屋などに、こういう人最近いるよね〜現代の闇だよね〜と書き立てられて、根幹にあるのはズバリ男根コンプレックスなのです、とか、想像力の欠如をもたらした教育政策の失敗が生み出したのです、とか、ルッキズムに毒された社会の被害者なのです、とか勝手な社会批評の種にされがちな彼らが、ここでは世界を眼差す側に立っている。普段彼らを異常だと指差している世間が彼らの目に映る。あちらから見れば「フツウの世界」は実に歪で、「フツウの世界」が信じ込んでいる正解には何の根拠もなく、しかも自分らは多数派でまともなのだという最高の盾でもって安全な場所から、イノセントなままに人を傷つける。読者は異常な人の異常な思考回路につい納得してしまううちに、パラレルなワールドに一瞬だけ誘い込まれている。

表題作である「嫌いなら呼ぶなよ」は、妻の友人の主催するバーベキューに夫婦で出かけたら、実はその会は妻や友人たちが仕組んだ罠であって、二組の友人夫婦と涙を流す妻に一斉に不倫を責められる夫の目線で綴られる。夫の脳裏には「妻と愛人で立場が違うとはいえ、同じ恋愛感情なのに、楓は周りから同情されて、星野さんは蔑まれ悪《あ》しざまに言われる。ただただ僕を好きで、頭では駄目と分かっていても離れられないだけなのに」というような真理がしばしば過《よ》ぎり、ついつい愛人の側から世界を見る癖が育っているアラフォー独身の女性なんかは時折声に出して読みたい日本語に触れた気分にもなる。被害者ヅラを崩さず夫を陥れた妻も、正直全然関係ない部外者なのに場を仕切って人の気持ちを決めつけるような友人たちも毒々しく、異常なのはこっちだったのか、などと納得しかける。

しかし夫はそんな一触即発で絶体絶命の場で、「自分も他人も責めすぎないで、穏やかにホンワカとストレスをためずに、どこかに逃げ場を残しておく生き方が一番だ」としみじみ思ったり、自分の不倫を「そんな低次元の感情ではない。もっとストイックな行為だ」と位置付けたりする。やっぱり彼は彼で異常な人に間違いはない。そしてここに集まる彼以外の人は不倫大好きな彼から見ても、絶対不倫なんてしていない人ではあるけれど、不倫をしていないというだけで彼らが正義の側に立つ理由にはならない。異常でない人がいないのだ。自分に責められる一点があると思っているという点で、世間よりはちょっと彼の方がマシのように思えるけれど、それは数十ページ彼の視点で物語を読み進め、すっかり愛着が湧いたからというだけの気もするし、多勢に無勢ならそちらを応援したいという心理のような気もする。

『不適切にもほどがある！』のテレビ局幹部断罪のシーンを見て、口汚く彼を罵る「世間」代表の友人たちに肩入れする者はほとんどいないだろう。街頭で主人公が見たように、彼を責める世間の一部として普段は常識の内側にいる者たちの多くは一人一人に解きほぐせば、家族形態に疑問を感じていたり、不倫する人の気持ちがわかったり、許す心を持っていたりする良識的な普通の人々である。それでも総意として家庭という枠組みの脅威を大声で断罪しなくてはならないのであればやはり、それだけ家庭の脆弱さに徐々に人々が気付いている証のようにすら思えるのだ。

浮気された夜、何につかまる?

不倫を許さない風潮、と言ったときに主体となっているのはそうした「世間」で、無関係な「世間」がサレ妻やサレ夫に先んじて浮気者を断罪することに対してはすでにワイドショーのコメンテーターですら「人様の家庭のこと」として違和感を示すような問題ではある。そしてそのような風潮が話題になることのもう一つの罪は、無関係なのになぜか「許さない」世間に対して、実際に傷をつけられた者の傷が焦点化されづらくなることかもしれない。

　完璧だったかどうなんてわからないけど、結構シアワセだと思っていた関係と未来が一気に真っ暗になる。裏切られているかもしれないという予感で、自分が信じてきたもの、二人が積み上げてきたはずのものが、あとほんの少しの衝撃で一気にガラガラ崩れそうな気がする。サレ妻とサレ夫を描いて話題を呼んだドラマ『うきわ』(45)では、主人公の男女が、そんな不安の海の中にいきなり放り出されるところから物語は転がり出す。

　同じマンションの隣の部屋に住むそれぞれの夫婦は、側から見れば何か問題があるようには見えない。門脇麦演じる専業主婦の麻衣子は、夫の転勤で広島から東京に出てきたばかりで、何となく都会の空気に気後れし、身の置き場を求めてパートで働き始める。かつてロマンチックなプロポーズをしてくれた夫は、東京本社に来てからというもの、深夜の帰宅が続く。夫と同じ会社で働いているはずの隣の二葉さんは、日々早く帰っているのを不可解に思っていた矢先、夫に女の影がチラつき出す。

(45)『うきわ――友達以上、不倫未満――』(2021年、テレビ東京系)。風間太樹・太田良脚本、門脇麦主演。原作は野村宗弘『うきわ――友達以上、不倫未満――』(全3巻)。「やわらかスピリッツ」にて2012年～2014年連載一方、森山直太朗演じる隣の二葉さんは、バリバリ働く妻と家事を分担する良き夫だったが、何かとちょっと鈍感で、乙女心がわからないような、そんな人だ。同僚の産休でいつも以上に忙しそうな妻を最初はサポートしていたものの、部下の女性とのコミュニケーションの中で、何か予感のようなものが芽生え、妻が趣味で通う教室を覗いてみたら、信頼関係が揺らぐ出来事を発見する。たまたま同じタイミングで、自分の足場だと思っていたところが崩れて、不安の海の中に放り投げられた者同士は、何かにつかまるようにしてお互いの存在に救われ出す。

壁一枚隔てたお隣同士、傷と不安を抱えた二人が今後どんな関係を繋いでいくのか、傷をつけた側に見えるそれぞれの夫や妻の物語はどんなものだったのか、物語の展開によってそうした不倫をめぐる繊細な問題が詳《つまび》らかになっていくが、序盤の見どころになっていたのは、パートナーの浮気をほぼ確信したときに、人が陥る気分というものだ。燃え上がる不倫を描いた官能小説でも、過熱する世間を描いた社会風刺ドラマでも、背景の脇役に追いやられてきた「本来傷つけられた者」の傷をリアルに、真っ向から向き合って描いている。

恋愛相談を受けたり、女同士で恋人や夫婦の話をし合ったりすると、頻出するメジャーなお悩みの一つに必ず相手の浮気がある。反面、既婚者の男友達でも女友達でも、浮気をしている側というのは特に重みのない話というか、軽やかなキュンキュンエピソードとして浮気自慢をしてくることも多く、この温度差も結構気になるところである。

かたや浮気する側が、生活のちょっとした潤いとして、若いときからの遊び癖の延長として、あるいは男同士の付き合いの中で、気軽な気分でしているのに対し、された側は、海で溺れるような、足場がガラガラ崩れるような、自分が否定されたような気分に陥ることもある。そして多くの場合、浮気を別離に結びつけるのは、浮気した側ではなく、された側である。ほとんどの浮気は、パートナーと別れる気はさらさらない上で、むしろそこが盤石であるからこそ始められるわけで、『失楽園』のように、家庭や命を捨ててもいいような気分になる不倫というのはかなり稀なのだ。

では、別に自分の、彼女としての、あるいは妻としての立場が脅かされるわけでもないのにもかかわらず、相手の浮気の影を見つけたときに、人が取り乱し、深く傷つくのは何ゆえか。なんで浮気されるってあんなに苦しい経験なんだろうか。

一つには、前提としていた、私も何かを差し出すから、あなたも誠実さでもって何かを差し出してね、というギブアンドテイクの関係が一方的に遮断された気がするからだろうし、もう一つには、相手からは自分が見えるのに、自分からは相手が見えないという不快な状況に恐怖を感じるからかもしれない。パートナーになっているということは、かつて、お前だけだよとか、君がいないとダメだとか、好きとか愛してるとか、そういう言葉で愛を確認したことがあったはずで、それらのほんの一部の嘘がわかっただけでも、どこまで遡って疑っていいのかわからずに、全部が疑わしくなるということも多分ある。そうなってくると、詐欺にあっているような、ここから逃げ出さなくてはいけないような気分になるものである。単純に、自分が抑制していることを相手が抑制していないことに腹が立つ、という側面もある。

想像力に欠ける相手によって自尊心が傷つけられるような関係は解消するというのも手ではある。別れてしまえばひとまずはスッキリする。ただ、相手が自分との関係の解消を全く前提としておらず、むしろ盤石なものと捉えてそれなりに大切にしているつもりで浮気しているのだとしたら、自分が陥った嫌な気分に任せて別れてしまうのももったいないのも本音ではある。浮気で別れていると、残念ながら浮気文化がお盛んなこの国で、せっかく出会えた相性のいい相手と全く長続きしないという現実的な側面もある。

では、別れるという選択肢がひとまず自分にも相手にもないときに、浮気されてみじめになった気分をどうすればいいのだろうか。なんでされた方がそんなこと考えなくちゃいけないんだとも思うけど、寄るべない気持ちからは早く解放されたいし、そんな暗い気分で人生の時間を無駄にしたくないので、それなりの解消法を持っておくのは悪いことじゃない。

浮気された経験がある人の話を聞くと、相手を責める、罰を与える、なじって束縛して泣いて怒る、というのが最初にする解消法になっている場合が多い。しかし、相手に浮気を認めさせて謝らせたところで、こっちの気がおさまるとは限らない。最初から別れる気のない相手はなんとか機嫌をとってひとまず場をおさめようとはするものの、そもそもの温度差があるので、喉元過ぎればまた浮気する可能性も結構あり、どんな誓いを立てさせても無駄なことも多い。私の女の友人で、夫に浮気がバレかけて、責められて、ものすごく反省して頑張って許してもらい、そこで落ち込んだ気持ちを慰めてもらうために浮気相手に会いに行ったという猛者もいる。

それに、浮気当事者である相手に全ての解消を求めると、「謝る」→「謝られても許せない」→「どうしたらいいのかわからない」→「もっと悩め！　何されても許せないけど！」→「何しても許してくれないなら意味ないじゃん！」という、『死の棘』(46)みたいに不毛な押し問答が始まり、自分も神経がすり減り、多くの場合は『死の棘』ほど続かずに相手も愛想をつかすのだ。不毛な押し問答は、乗り越えるプロセスと考えられなくもないが、いかんせん不毛なので、続けてもこちらの気が晴れることはなく、むしろ嫌な気分はどんどん色濃く自分に染み出して取れなくなり、後で考えるとその取り乱しっぷりに自己嫌悪に陥ることもあるし、そもそも悪いことをしたのは相手なのに、あまりに執拗に責めると、周囲からは自分が悪者のように見えることもあるのであまりいい行為に思えない。

(46) 島尾敏雄『死の棘』（1977年）。1990年に小栗康平監督、松坂慶子・岸部一徳主演で映画化された

もう一つ、メジャーなものとして思いつくのは、仕返しで、つまり自分も浮気するという手段はある。これは、それこそ『うきわ』の主人公二人のように、息継ぎをさせてくれるような相手につい手を伸ばす、みたいな場合もあるが、そうそう簡単にそんな都合のいい相手が登場するとは限らないので、多くが無理矢理相手を見繕った、ありあわせの浮気になりがちで、そうなってくると自分の方の浮気は相手への復讐という手段でしかなく、楽しくはない。浮気した側は、楽しみとして浮気しているわけで、同じ罪を犯すのに、自分が楽しくないのはなんか損した気分になる。相手を似たような気分にさせてスカッとしたり、自分の浮気は許せて相手のは許せないみたいな自分勝手さを自覚させたり、自分のありがたみを思い知らせて反省させる効果もなくはないだろうが、悪者同士になってしまって相手を責めるカードを失う危険性もある諸刃の剣だったりもする。

かなりメジャーで、しかし一番良くない気がするのは、浮気相手を探したり、その浮気相手に嫌がらせをしたり、謝らせたりすることだ。浮気相手の顔をまじまじ見るような経験をすると、どうしたって今のパートナーといる限り、その浮気相手の名前や顔が頭から消えなくなり、自分で苦しみを増やすことになる。ムカつくのはわかるけど、特に罪悪感のない浮気相手からすると、変な人のせいでひどい目にあったわぁと友人に報告するような軽めの怪談にされることが多いので、名誉も傷つく。私は独身なので、この種の報告（男友達の奥さんが電話かけてきて怖かったんだけど〜とか、全然興味ない男とご飯行ったら妻が尾行しててひどい目にあったわ〜とか）はよく聞く。浮気相手の顔なんて知らない方がいいし、見てしまったとしてもぼやっとしていればしているほどよい。見つける努力は放棄すべきである。

『うきわ』の主人公には自分の傷に寄り添う相手が隣の部屋に住んでいるというドラマチックが用意されているが、多くのサレた者は深刻な傷や不本意な不名誉と戦いながら、主人公たちの過ごしたあの苦しい夜更けを耐えている。そうした傷は実はドラマチックな不倫物語が語ってこなかったものでもある。

「リコカツ」が救いになった理由

ふと気付くと休みに気軽な気持ちで「タイ行こうよ」とか「台北行こうよ」と誘える友達が年々限定されてきて、気付けば深夜の飲み会に顔を出してくれる面子も明らかに偏っていき、高校や大学の卒業と同じように独身にも卒業というようなものがあってそれぞれが人生の新しいステージに進んでいくのかもしれないな、と思ったのが大体二十七歳の春頃。ただ高校のように強制的に押し出してくれるシステムはないから、ごく自然に新しい扉を開ける人もいれば、そのためにしっかり準備や努力をして力ずくで開ける人もいれば、開けないことを決める人もいれば、自然に進んでいくような機会はなく、努力や準備をするほど意思も固まっておらず、かといって開けないと決めていないかつての私のような人もいるので、独身の友人たちとのあいだには、同級生はもちろん、後輩もどんどん送り出して自分は留年し続けている大学院生のような、あるいは自分だけべらぼうに刑期の長い囚人のような、そこはかとない寂しさを共有する仲間意識も芽生えた。

さてこれから十年経つと、未だにぽつりぽつりと結婚していく友人や、妊娠や出産でしばらく気軽に誘えない友人はいるものの、それと同じくらい、飲み会や海外旅行に復帰してくれる友人も増えた。子育てが落ち着いた既婚の友人もいたし、離婚して完全独身現場復帰という友人もいた。さらに、久しぶりに連絡がきたと思ったら、離婚が難航して憂さ晴らしをしたいから飲みに行こうという友人なんかもたまにいる。素人としては、ロマンスや戦略や運命や人生最大のパーティーなど、色々な要素のある結婚の形が千差万別なことに不思議はないものの、離婚というとどうも事務的な匂いがして、それほど各々のドラマに富んだもののように思っていなかったのだが、いざ間近に目撃してみると、実にそれぞれが多様で、やはり千差万別なものなのだと実感する。

そんな離婚を一つのテーマとしたドラマ『リコカツ』(47)は、離婚というアイデアを積極的なものとして描いたという点で話題を集め、放送されるやTVerの再生回数が歴代ドラマで一位を記録するなどした。バリバリ仕事をしているが恋愛では黒星がつき、また自分の生家には少し複雑な事情のある女性が、雪山で不慮の事故にあい、現代人と思えないほど無骨なイケメン自衛官に助けても

(47)『リコカツ』(2021年、TBSテレビ系)。泉澤陽子脚本、北川景子主演

らう、という『愛の不時着』[48]のパロディ的なオープニングに続き、その二人が衝動的に結婚するところから物語は始まる。衝動的なものだから当然、二人の生活や価値観は全く擦り合わせができておらず、夜の営みも未経験のまま、現代キャリア女子と前近代自衛官男子の同居生活はスタートし、やはり当然のごとく衝動的に「離婚」の結論を出す。しかし離婚といってもその日にすぐできるわけではないので、離婚前提で回り出す結婚生活の中で、少しずつ二人の生活や価値観の擦り合わせがなされていく、という物語だ。

結婚が「誰でも当然のように行き着く先」ではなくなった、と説いた山田昌弘・白河桃子の『「婚活」時代』が話題になったのが二〇〇八年ですでに十五年以上前、就職活動の略語である「就活」に結婚するための準備や活動をなぞらえた「婚活」はもはや自然に使われる言葉となって久しい。ロマンチック・ラブの当然の帰結として結婚があるのではなく、多くの場合はそのための努力と戦略が必要だと示す言葉の登場は当時、それなりのインパクトのあるものだった。入口戦略に名前があり、ましてやや減少傾向にあるとはいえ、婚姻件数の約三分の一ほど離婚件数がある時代に、出口戦略にも名前があっても何もお

(48)『愛の不時着』(2019年、韓国tvN)。日本でも2020年にNetflixにて配信され、話題となった

かしくない。ドラマでは離婚のための努力や準備、必要なスキルや行動が「リコカツ」と呼ばれて紹介される。

ただ、イレギュラーな出会いから離婚前提で始まった二人の新婚生活はむしろドラマチックに展開していくので、実際に「リコカツ」を必要とするのはむしろ周縁的なキャラクター、主人公たちの両親や姉の方で、具体的な離婚のハードルやアルアル話、禁じ手などが例示されるのはそちらの方だ。近年増加が指摘される熟年離婚の形や、離婚経験者や離婚希望者にとって身に覚えのあるであろう台詞も描かれる。

はたして視聴時は思い切り独身女性であった私にとって、具体的な離婚ノウハウ、リコカツのススメや離婚アルアルなどは正直全然関係なかったのだが、むしろ『リコカツ』のタイトルから逸《そ》れていく主人公カップルの方は結構示唆に富んでいるような気もする。

周囲にぽつりぽつりと離婚経験者が増え、また自分の生活が独身のままそれなりに成立しているアラフォー独身女性としては、たとえ一瞬結婚に興味が湧いても、離婚のリスクはかなりの比率でその興味を曇らせるものだからだ。前向きな離婚やそれなりにスムーズな離婚事例だって周囲にはあるが、話のネタとしてしつこく会話に登場するのは、どうしたって難航した話やトラブルが多い。夫が離婚に合意してくれなくて二年近く経ったとか、別居期間中にうっかり新しい恋をしたら自分も新しい恋人も多額の慰謝料を請求されたとか、富裕層の夫の財産隠しが巧みで自分には何も残らないとか、子供に一切会えなくなったとか、そんな話を聞くと、まさに結婚が出口のないトラップ、行きはヨイヨイ帰りは怖いというイメージになって、「家庭を作ることに興味はあるけど失敗が怖すぎる」状態になる場合は少なくない。さらに言えば、結婚の話になってしまうことが嫌で恋愛すら始めるのが面倒・怖いと感じている人だっている。

そもそも旧来の結婚制度と慣習が、女性の自立の道が絶たれていることで、女性側の不満では揺るがないことを前提として成立していた側面があるのだから、すでに別の道を示されている女性らにとっては、内側から開けられない巣箱のイメージが払拭できないのは当たり前でもある。そこに「リコカツ」カップルのように、結婚直後から離婚を前提として付き合い、しかしそこから絆が生まれてくるような形が例示されると、仄暗い不安の中にちょっとした光の筋が見えるような気もする。離婚を前提とした結婚なら怖くないかも、と。

三十六歳になってすぐ結婚をした私のとある知人は、自分の性格や今までの恋愛の傾向から考えて、自分が一生その人と添い遂げる自信は一切ない、むしろほぼ確実に離婚すると言っていた。しかし不妊治療を始め、子供を育てる上での利便性などを考えて結婚はしたい。彼女の結婚相手選びの陰の選定基準は、なるべく理想的な形で離婚できそうな人、だったという。互いの経済的な状況に大きな差がなく、特殊な実家問題などを抱えておらず、マイホームなどの夢がなく、離婚の影響があまりに強い職業についておらず、何より性格的に、世間体を気にしたり、プライドが高く頑固だったり、ヒステリックに怒ったりしない。そんな彼女の条件を聞いてみたら、理想の離婚相手は、実は理想のパートナーとほぼ一致しているような気もした。

「結婚相手の条件は?」とか「理想のパートナー像は?」と聞かれて三十年余、私たちの多くは十七歳のときならスラッと答えられたようなそんなクエスチョンに出せる答えなど持っていない。多分昔はかっこよくて優しくてお金持ちで働き者でセンスがよくて面白くて頭がいい人がいいとか言っていたが、かっこよくてもクズだった、優しくてもダメだった、お金持ちでも鬼畜だった、働き者でも休日は使えなかった、センスがよくても金遣いが荒かった、面白くてもバカだった、頭がよくても性格が極悪だった元彼たちを思い出して、もはや自分の理想ってなんだっけ、と見失っている。そこそこ健康に生きていればいいような気もするけれど、どんなにスペックが高くてもダメなような気もする。そんなときに「離婚をするならこの人と」という観点で恋人選びをしてみるのはちょっと新鮮味がある。

加えて、ほとんど事故的に結婚した主人公たちは、当然お互いにすでに成立した生活があって、それについて何の擦り合わせもないまま共同生活を始めるので、絶対無理そうな擦り合わせが力技でなんとか実行されていく様にもちょっとした希望がある。長年独身生活を送っていればいるほど、自分の生活の快適な回し方は固定してしまい、そこに自分と同じだけ強固に固定した別の生活が差し込まれることなど考えたくもなくなってくる。コロナ禍で自宅時間が増えた昨年は尚更、「一人暮らしで助かった……」と思っているシングル勢はいたはずだ。ただ、極端に現代的な女性と極端に前近代的な男性の生活が強引に混ざり合わさっていくのであれば、そういう力技って意外と有効なのかも、という気分になる。

毎年二十五万組以上の夫婦が離婚する現代において、結婚を息苦しく感じさせないための装置としての離婚があるのだとすれば、そんな空気孔を作ってまで維持しなくてはならない結婚制度とは一体何なのだという気にもなるが。

擬似家族の可能性

『SPY×FAMILY』や是枝作品など、閉塞的な家族観をどうにか拡張しようという試みの一つが血縁や同居など前提とされる条件をいくつか解除した擬似家族を描いた作品である。その中でも異色の光を放っていたのが高齢女性たちの売春斡旋組織に家族的な連帯を期待した『茶飲友達』[49]だった。

この世にはいくらでもその正しくなさを指摘できるような不健全なギョーカ

(49) 外山文治監督『茶飲友達』(2023年)岡本玲主演、2013年に高齢者売春クラブが摘発された事件を基にした群像劇

イというのがあって、人々はその正しくなさについて丸三時間ほど饒舌に講演もできるし、逆張りして必要悪みたいな切り口で擁護もできるし、実はこれは少女たちが終わりなき日常[50]を生き延びるためのまったり革命だ的な議論も展開できる。ただし正しくない不健全なギョーカイだけに、冷静で合理的な判断や法の力の前では結構無力で、しかもやっぱりよくないことも多いし仕方ないよね的に諦めがつきやすいので、ふんわりと肯定していた人や社会もすんなり諦めてしまいがち。本当の本当にそこで生きていた人以外は。私が通い詰めていたブルセラ店は私が大学生になった二〇〇二年に摘発されて消えたし、ＡＶも存続の危機らしいし、ノーパンしゃぶしゃぶ[51]とか美人喫茶[52]とか、見なくなった業態も色々ある。

　正しくないけど必要なものの扱いとか、正しさの中で満たされない人はどうすればいいとか、高齢社会の生活の充実とはとか、家族ってなんだとか、生きがいって社会って人間関係ってなんだとか、男女の不均衡ってなんだとか売春ってどうだとか、そういったあらゆる問いをサビキ用の釣り針みたいに心に引っかけられたまま、ジクジク痛むけれど簡単には抜けないまま帰ってきたよう

(50) 宮台真司『制服少女たちの選択』（1994年）は援助交際やブルセラをする女子高生たちに実際に取材し、被害者でも加害者でもない彼女たちを描いたが、その後は著者自身が議論を修正するなどしており、元制服少女としては微妙な気分でもある

(51) ノーパンの女性店員が接客するしゃぶしゃぶ料理店。風俗店ではなく飲食店の扱いであることから大蔵省官僚接待に使われていたことが発覚し、話題となった

(52) 「喫茶店」を謳う業態が多種多様であり行政や警察もその実態をつかめていなかった80年代初期、若くて美しいウェイトレスが働く喫茶店を「美人喫茶」と呼んだ

な、『茶飲友達』はそんな映画だった。ぱっと見、飲茶友達に見えるので久しぶりにティム・ホー・ワンに行きたくなり、わざわざ並んだ。大根餅とかちまきとか食べても釣り針が複雑に引っかかって痛む気持ちのままだった。

「茶飲友達」とは映画の主人公が経営する会社が新聞の三行広告で募集した会員の名前。ティー・フレンドは高齢女性が働く、高齢男性のためのコールガール派遣会社で、一応本番はダメということになっているからデリヘルっぽいんだけど、どうやら正式な届出はしていない様子で、妊娠の心配のない年齢の嬢ばかりだということもあって本番が横行していて、店側もそれを黙認している。元風俗嬢の経営者である主人公は働く高齢女性たちを「ティー・ガール」と呼んでいて、一緒にお茶を飲む煎茶コースとワンランク上の玉露コースがあり、建前としては客は高級茶葉を購入するということになっている。密室で何があってもそれは自由恋愛、というのはソープと同じ言い訳で、嬢たちは暇つぶししながら事務所で待機しているのだけど、そこの事務所にもナンバー表が飾られていたりとデリヘルやデートクラブだとあまりやらないようなことがなされている。見ている限りはパパ活斡旋の交際クラブとホテトルを掛け合わせた高級デートクラブのような業態で、送り迎えの丁寧さなどはデリヘル的。

風俗店として届け出ていないなら本番禁止も何もないだろうというちょっとしたツッコミどころはあるものの、高齢者施設でかなり刺激的な性の関係が横行しているらしいというのは週刊誌が好んで特集してきた話でもあり、このクラブも会員数はどんどん伸びている。高級老人ホームで孤独を抱えているおじいちゃん、独身のまま両親の介護をして看取り気付けば自身も高齢化していたおばあちゃん、それぞれがティー・フレンドを通して微かな悦びを共有する。主人公の野望は「みんなのお家」を作ること。パチンコで金欠の嬢にイライラしたり、高齢者に毒づくドライバーに怒ったりしながら和気藹々と暮らすスタッフと嬢たちは確かに家族っぽい。

家族を基本単位としてそこが強固に閉じられているこの社会で、そのお皿から溢れてしまうような人が寄るべない生活を余儀なくされることをしっかり捉えつつも、意識高い系元風俗嬢経営者の欺瞞と甘さにもしっかり触れて、映画は一般的な意味でひどく厳しい結末を迎える。主人公が正義感で寄り添っていた人の闇は生やさしいものではなかったし、それぞれ事情がある中で肩を寄せ合っていた「ファミリーのみんな」を繋ぎ止める絆っぽいものも脆弱だった。主人公もまた、帰れる家を持たず、かつて風俗で働いていた背景があるからこそ、このファミリーは先細っていく自分の居場所への不安を和らげるものであったのだろう。

私自身、長らく家族を作ってはいなかったし、親も片方亡くして、日本では家族的な意味合いが強かった会社も辞めてしまったので、家族や会社がカプセルのような単位を作る社会で所在ない気分になることは多い。だからと言ってそのカプセルを擬似的に理想で作り上げられるほど生やさしくない連帯を見て、ひどく重苦しい気分になった。それで渋谷で映画を観終わって、なんとなく明治通りを歩きながらちょいと思ったのは、あの風俗、男のためにあったのかな、女のためにあったのかな、ということだった。風俗は大抵男が男のために作るものである場合が多く、キャバクラやクラブもかつて多くの場合はそうだった。ホストは男が女のために作るように見えるし、「ＪＪ」もマルキューも言ってみればそうだ。かつてお金を動かして事業を始める者の多くが男だったといってしまえば身も蓋もないが、最近は女性が女性用風俗を経営するなんていう事例も出てきた。

ティー・フレンドは女性経営者が男性顧客向けに開いたサービスであり、老人ホームや妻に先立たれた自宅で孤立する男性の生活を華やかにしようとしているのもそれはそうだけれども、主人公が高い理想で拾い上げようとしているのは、そこで働く高齢の嬢たちでもある。むしろファミリーを作り上げているのは、各々が事情によって帰る自宅を持たない若いスタッフたちと働く嬢たち、そして経営者である主人公。お客である男性が一番周縁的な存在でもある。家族との絆を失って浮遊する高齢者たちの孤独な魂を繋ぎ合わせる事業ではあるものの、働く嬢たちとお金を払う客たちの間にはどうしたって不均衡があって、どちらかといえば女たちの方がより強固な居場所を獲得していたようにも見える。その居場所もちょっとしたトラブルで瓦解してしまうような脆弱な砂の城ではあったのだけど。でも正直、高齢男性は若い女性の働くデリヘルを呼ぶこともできるわけだし、この東京は、半熟女デリとか母乳風俗とかお好みに合わせてあらゆる風俗を細やかに提供する天才なので、ティー・フレンドはやはり女の居場所の意味合いの方が強いのだ。

それは「会社は誰のものか？」みたいな問題とも少し似ているけど、風俗に関して性搾取的であるという言説をどこか空虚に感じるとき、私にはティー・フレンドの嬢よろしく、売ることで居場所を作っているあらゆる嬢たちの圧倒的な生活の生々しさが浮かぶ。男性の正しくない欲望はすぐに発見されて断罪されるが、女性の正しくない居場所はもっと生暖かいフリルで首を絞めるようになかったことにされていく。矛盾をつき、否定することはいくらでもできる。男が払い女が脱ぐことも、男は選べて女は選べないことも、それは正しくはないから、否定してしまう方がよほど簡単なのだ。実際、ティー・フレンドの嬢たちもお金に困って売春を続けているものもいる。お金に困っていない人もいるけれど、そういう人も、じゃあ単にゲートボール場で恋すればいいじゃんとは思えない。売ることによって満たされる穴がある。それは正しくないし、もしかしたら社会の変容によってはなくなっていくことがあるのかもしれないけれど、今そこにある穴を埋めてくれるのが、男が握りしめてくるお札やナンバーワンやナンバーツーの掲示でしかないのであれば、私はやはりその正しくなさを、こっそりと生き延びさせたいと思ってしまうのだ。

第四章

女性作家の描く結婚の限界

かつて描かれた愛人の品格

昨日まで当たり前と思っていた世界が簡単に壊れるというのは主に戦争と天災を指す言葉として使われがちで、不戦の誓いをたてた国に生まれた者としては基本的には地震以外で使うことがあるなんて思わなかったわけだけれど、二〇二〇年から続いたcovid-19では信じ難いことに、世界が一定の形を保っていることを前提に築かれた関係は壊れ、世界がどんな形であろうと続く愛は続く、というようなことがにわかに立証される運びとなった。どちらかが不在にしがちなことで良好に保たれてた同棲カップルとか、週に一回どちらかが遠路はるばる会いに行くことで何とか疎遠にならなかった遠恋カップルとか、片方がお店に足繁く通うことで利害が一致して仲良くしていたカップルなどは、別のかたちに喜びを見出して進化しない限りは多分厳しい状況になったであろうし、逆にすでに心離れて別れを切り出せずにいた者は、無慈悲に引き裂かれたまま、それを言い訳に消滅を狙うチャンスに恵まれた。

確かにあの時勢、世のルールに忠実なふりや相手のことを気遣っているふりや神経質になっているふりをして、緊急事態宣言が解けるまでは自宅から出ないつもりなんだ、とでも言えば世間的には正しいとされていたわけだし、一筋も悪者にならずに会いたくない者に会わず、なんならリモートで別れ話もできるし、自然消滅もできる、関係が双方にとって「要」で「急」なのか、少なくとも片方には不要で不急なのではないか、といった残酷な事実を測るには大好機だったのかもしれない。

そして、うまいこと二股してた人や、うまいこと本命と遊び相手を使い分けてた人、うまいことハーレムを作っていた悪い人や、薄く軽く広く風俗遊びをしていた人は、濃厚接触の相手を絞るための取捨選択を迫られたし、そもそも仕事仕事と理由をつけて約束を反故にしたり直前までダブルブッキングしたりするのが許されることも、医師やエッセンシャル・ワーカーなど一部の尊い労働者を除いてあまりなくなった。かつての男、そして今では男女ともに、仕事というと大抵良識的な恋人や遊び相手はいったん手を引っ込めざるを得なかったのだが、自宅勤務がああも増えると、そういう有無をいわさぬずるい言い訳はかなり厳選せざるを得なかっただろう。

私はパンデミックがいよいよ本格的になって、ロックダウンの噂や少なくとも不要不急の外出を自粛するようにという呼びかけが出始めた頃、すでに世間的には不要で不急であることが確定している不倫カップルはどうなっているんだろうと当然興味が湧いた。生憎というか幸運にもというか、私自身は最も外出がしづらかった二〇二〇年当時、既婚・未婚にかかわらずカップルというほどの相手はおらず、たまに声がかかる遊び人の既婚男性や、お互いいい歳して未婚のまま売れ残っている元彼、何度かご飯に行ったけれども特に情熱が湧かなかった人、などと稀に二人で会うくらいで、誰が見てもどころか本人的にも不要不急の中でも不要不急の関係しか手に持っていなかったため、外から見れば不要不急、しかし本人たち的には「要」で「急」みたいな割と情熱的不倫の最中だった人はどうなのだろう、と思ったわけである。

不倫ほど緊急事態に弱い関係はないし、男が既婚だろうと女が既婚だろうとダブル不倫だろうと、子供が学校に行かず、家族が自宅でワークしがちな際、逢引どころか電話やLINEもままならなかっただろうし、それこそ昨今の不倫批判の過熱を考えると緊急事態の際に不倫相手に会いに行って外出が見つかったら相当気まずいし、普通に考えればそれこそ自然と消滅していそうなものではある。でも人間と不倫、さらに言えば日本の市民と不倫は結構粘り強く、またそれ単体ではドラマにならないほどナチュラルに存在してきたわけで、この状況下でどのようにそれが生き延びるのかを想像するのは結構楽しかった。一体どんな言い訳で逢瀬を繰り返したのだろうとか、織姫と彦星のように不在が気持ちを盛り上げたのだろうかとか、家族が家にいてテレフォン・セックスすらままならないのであれば、LINEセックス的な文字ベースのいちゃつきで性欲解消したんじゃないかとか、妄想は尽きない。きっと一定数、暴露が怖くて終わらせられなかった浮気相手との関係を、パンデミックを機にさらっと清算しようとしている都合のいい男女もいるのではないかと訝しみつつ。

米映画で不倫したという事実がそれだけで文学になり得るのはそれが禁じられた遊びだからだと容易に想像できるが、日本では長らく、心中するか誰か殺されるか、あるいは妻の気がおかしくなるかでもしないとあまりスキャンダラスな匂いはしない。むしろ文学の中の不倫はごく自然に、犬を飼うとか海辺に住むとかいうレベルには当たり前の情報として存在していた。

数多ある日本の不倫文学の中でも私の中に強い印象があるのは川端康成の『美しさと哀しみと』[53]で、小説家である主人公が、実体験である十六歳の少女との不倫の小説を、それまでも自分の小説をタイプライターで打ち込んでくれていた元タイピストの妻にタイプさせる場面だ。妻からすると、夫が十代の女と大恋愛して子供までつくり、しかし生まれた子はすぐに亡くし、その恋愛をさらに美化してしたためたものを、読みながらタイピングしていくという地獄みたいな話なのだけど、そこで妻は「打ちますわ。タイプライタアは器械ですもの。あたしは器械に使われますわ。」と引き受ける。しかし彼女自身は器械ではないので、打ち損じて破いて捨てたり、忍び泣いたりする。夫が「やはり、この小説は打ってもらうんじゃなかったね。」となだめるのだけど、妻は「打たせて下さったのは、どんなにつらくても、ありがたいと思っています。」と言い、辛いのは、不倫小説をタイプすることでも、そこに描かれた不倫相手が理想化されて書かれていることでもなく、「あたしのこともっと書き入れていただきたかったわ。」ということだと漏らす。

この場面は私の知るフィクション・現実を問わず、多くの不倫アンドその後

(53) 川端康成『美しさと哀しみと』(1965年)。同年に篠田正浩監督、山村聡・加賀まりこ・八千草薫主演で映画化された

の夫婦生活で最も残酷な場面なのだが、この小説が山村聡・加賀まりこ・八千草薫主演で一九六五年に映画化された際にもこの場面は比較的原作に忠実に組み入れられていて、映像で見るとまた残酷さに拍車がかかる。女の片腕を持ち帰るとか教え子に手を出すとか色白の少女をつけ回すとか、川端文学は映像にしたときにストーカーとかロリコンとかいうつまらない言葉が浮かぶと失敗と思うのだけど、そして小説のモデルとなったかつての不倫相手の後にその弟子にも手を出す『美しさと哀しみと』もまたずいぶんなロリコンの話なんだけど、このタイピングのシーンはいくつ陳腐な言葉を思い浮かべても足らない情緒があるので、映画でも見どころの一つだ。

俗世に照らせば地獄でしかないそんな光景はしかし、芸能人の不倫報道で揃って「奥さんの気持ちを想像して」とか「パートナーの身になって考えたら」とかいう蛆がわいたときに、人間という生き物がそう簡単に想像し得るようなものではない、ということを思い出させるように私の脳裏に蘇る。人と人との関係はワイドショーに映り込む姿より大分複雑でグロテスクで強いし、よく知る人や自分にすら理解できないような思考をするものなので、想像してごらん、はジョン・レノンだけにしてほしい。

さて、本作は過去に孕ませた後に疎遠になった元不倫相手（その後画家になっている。映画では八千草薫）と、主人公の偉そうな作家先生（山村聡）、元不倫相手の画家の弟子（加賀まりこ）、さらには作家先生の息子（山本圭）の奇妙な関係を描く。作家が何か思い立って久しく会っていなかった元不倫相手と一緒に除夜の鐘を聞こうと、彼女の住む京都に行くところから物語は展開していくのだが、かつて十六歳だったその女は画家の先生になっていて、弟子の美女と一緒に住んでいる。弟子と先生が一緒に住んでるのかと思えばやはりそこには色っぽい関係があって、端的に言うと映画では八千草薫と加賀まりこのラブシーンが見られる。

自分の愛する先生に過去にひどい仕打ちをした作家を恨んでいる弟子は、作家が京都を訪れてまた先生と何かしらの関係を結ぼうとしていることを苦々しく思い、先生が作家をまだ愛しているのではないかと嫉妬し、作家に復讐してやろう、という計画を立てる。ちなみに先生は、その計画には乗ってなくて、そんなことおよしになって、というスタンス。で、結局弟子は作家を誘い、作家は作家でこの期に及んでかつて十六歳だった不倫相手の弟子にまで手を出すという最低っぷりを発揮、しかし画家と弟子の関係を訝しんでいるうちに、今度は弟子は作家の息子に狙いを定めて、デートをするようになる。

映画では嫉妬や復讐などを担うのは超美少女加賀まりこの役目で、上品な八千草薫はそんなことはやめなさいと言い続け、だからこそ最後まで高貴で美しい。それこそ男の理想を詰め込んだ姿で、復讐心を持たず、嫉妬で狂いもしない。要はこの物語は、男の罪と罰の話ではあるものの、罰を持ってやってくるのは自分が傷つけた相手ではなく、その相手を愛するまた別の女なわけで、罰せられるという気持ちと、元恋人にはいつまでも高貴で美しくあってほしいという気持ちが奇妙に両立したものなのだ。

男は楽になりたがる。お金を払うとか、妻が鬼の形相で怒るとか、不倫相手が殺しに来るとか、一緒に死ぬとか、そういうことで自分自身も何か差し出して罰せられ、罪悪感がチャラになって楽になるのを待つ。そういう意味では『美しさと哀しみと』は途中まで、妻や不倫相手の醜悪な姿を見ずに罰せられようとするのだから、本当に都合がいい（最終的には結構厳しい終わり方をする）。

だからかつて描かれた愛人の品格に従う場合、たとえば緊急事態宣言に乗じて、さらっと家庭の中に姿を消した元不倫男に納得がいかないのであれば、自分が満たされるほどの代償を払ってもらうか、何一つ罰さないかの二択だということになる。お金を払えば男は罪悪感を手放して、泣きながら平手打ちでもすればやはり罪悪感を手放す。最後に一発だけ殴ってこちらの悲しみを知らしめる、というのは、当然理解できる心理なのだけど、実際そんな平手打ち一つで男を楽にしてあげるよりも、何一つ受けとらず、何一つ傷つけずにいる方が、本当は男には耐え難いのだと思う。だから作家先生は何年も前に疎遠になった元不倫相手を訪ねて京都まで行くのだし、ほどよい罰はこちらの気が晴れる以上に相手を楽にしてしまうから。

当然、そのような品格を維持してまで男の脇役をやってやろうなんて考える女は今ほとんどいないわけで、愛人の品格のように思われていたものが単なる男にとって都合のいいロールプレイに過ぎないことは知れている。だからこそしっかりとした代償が最初から用意された援助交際やパパ活が不倫の主戦場となっており、そちらはもっぱら週刊誌のルポや女性たちのネット投稿に描かれ、男性作者の作品中に情緒ある自然な愛人像というものがあまり発見できなくなって久しい。

結婚の限界

「男はじたばた浮気するけど、女は息するように浮気するだろ」とは、金原ひとみ『アタラクシア』のなかで、ツイッターのオフ会を主催して参加者とセックスするようなバツイチの男の言葉だが、当然の権利のように浮気を重ねてきた男の歴史を遊び人らしき男がじたばたと表現する真意はさておき、「女は息するように浮気する」とは言い得て妙なのかもしれない。それは、「息するように＝ごく自然に意識すらせずに」という意味の他に、「息＝止めた瞬間に窒息する」という意味を含ませた場合に。そしてそれは、近年の女性作家たちの紡ぐ物語の中に、時に痛々しく、時に清々しく繰り返し描かれている。

『アタラクシア』に描かれる結婚生活とそれを形作る夫や妻たちは、その、息をするように何かしなければ窒息するような状態をそれぞれ生きている。周囲から見たとき彼らの結婚は、触らなければ奇妙な重力のバランスを保って動かない不思議な形のやじろべえのように、あるいは、少しだけ壊れた不完全な状態で、でもなぜか上手く使えている家具のように、それなりに均衡を保った、それなりに幸福と呼んでいいものなのかもしれない。むしろそれらを、構造がよくわからないまま、均衡を保っているからという理由で動かさずに回したままでいる生活こそを、人は幸福と呼ぶのかもしれない。それでも小説は触れたら全てのバランスが狂ってしまいそうなところに触れずにはいられない。

視界を少しだけ不明瞭に、神経を鈍化させれば丸く収まる。そうやって日常をやり過ごすのが、唯一の生き抜く方法だと考える者にとっては、描かれる人物たちの言動が、最初は愚かに、次第に恐ろしく感じられるだろう。できれば触らずに安住したいけれど、どこかに感じている歪みを、怖いくらい直接ゴリゴリと触られる。読み手が誘われるのは、私たちが理解の不在をどの程度耐えられるのか、私たちが理解を介さない関係とどの程度付き合えるのか、その境界を見届けるための作業でもある。

六人の語り部、また彼らの生活に登場する人物は、それぞれ夫婦という関係性の内や外にいながら、結婚制度がなければ引き受けなくてもよい不自由や傷、もしくは戸惑いと向き合わされている。語られる生活は交差はするが、それぞれ独立して別個でもある。

モデルでの立身を志して一度は渡仏したものの、夢破れて帰国後結婚した由依は、一度はその結婚生活の内部に生活を作ろうとしていたものの、現在はフランス在住時に出会った瑛人と過ごす時間に「ずっとこうしていたい」と感じる。ライトノベル作家の桂は、由依に離婚を切り出されて困惑し、嫌がる彼女を押さえ付けて無理矢理犯す。由依と交流のある編集者である真奈美は、暴力を振るうようになったミュージシャンの夫との間の子を育てながら、同僚と不倫関係にある。由依の妹で自称メンヘラの枝里は、ホストの彼氏に連絡したい衝動を抑えながら、オフ会で出会ったバツイチのユウトと乱暴なセックスをする。

母親や妹にまで不気味がられる由依は、「私にとっては全ての一日がただの今日で、日めくりカレンダーはめくったら風に飛ばされてどこかに消える」と語り、一般的な意味での情や理解し合いたいという欲望が欠損しているような印象を抱かせる。桂はそのような妻を長らく理解できず、疎外感を感じている。「桂が何を考えてるのかも知りたくない」と理解を拒む由依に、問いの答えが返ってこないことをほとんど確信しながら「どうして離婚したいの」と聞く。由依について「彼女には悪であるか善であるかの物差しがない」と形容する真奈美は、音楽で挫折していく夫や離婚で心を病んだ不倫相手をどうにか自分の理解の範疇に置こうとあがき、由依と瑛人の関係を苦々しく見つめる瑛人の店のパティシエである英美は、浮気に勤しむ夫、ソリの合わない母親、グレていく息子に顔を背け、誰も自分を理解しないという絶望の中にいる。

私は彼を理解している、彼は私を理解してくれている、という大まかな幻想は人間関係をとてもイージーにする効果がある。わからない、わかってもらえない、という気分は多くの人間にとって最も大きなストレスであり孤独を耐え難くする要因だからだ。それは恋愛関係に限ったことではないが、一対一の繋がりがある程度濃密にならざるを得ない恋愛、さらにプライバシーや個人情報が重んじられる現代で今までにないほど閉じられたものになった結婚・夫婦という関係において人は、彼が何を考えているのかわからない、どうしてわかってくれないの、という理解の飢餓状態に陥りやすい。逆に言えば「理解」を振りかざしてさえいればその関係が盤石になるかのような幻想が生まれやすく、だから男は女を口説くときに、君のことをこんなに理解しているのは俺だけだよ、という態度で挑み、よき妻の言い換えとして理解のある妻、なんていう言葉を使う。

結婚生活にそのような幻想が必要であることは窒息しそうな登場人物たちも半ば承知の上だろう。わかるはずのないものを、わかったふりをし合いながら近づけば、いくばくかの時間、孤独を回避できる。複雑な君を僕は理解しているよ、なんていう口説き文句に寒気を感じて、クソクラエと思った経験も、わかってくれるよな、なんてナメくさった台詞に本気で死ねと思った経験も、何度も重ねながら、それでも彼にだけは理解されたい／私だけは理解してあげなくては、という希望を繋いで関係を延命する。理解の不在は孤独を意味するのだから、確かに苦しい。いや、少しの不在であれば、それこそが恋愛感情と呼べるくらいに刺激的なものである。彼の言動の真意が全てわかる、という状態は、もっと近づきたいと焦がれる感情には結びつかない。ただ、わからない、が刺激になり得るのは、もっと知りたい、もっと知ってほしいという関係の進展を求めるからであって、停滞が宿命の夫婦の関係性においてわかり合えない、が確定してしまえば少なくとも恋愛的側面は破綻に向かう。

しかし、放っておけば静かに自然に消滅する関係をも繋ぎ止める結婚制度は事態を複雑にする。理解できないものは制御できないし、制御できないものと共存するのは恐怖や困難の連続でもある。多くの女の子が小さい頃、あるいは大人になってからも、白いドレスや花や鳥と響く鐘の音として夢想した結婚という結末が、不理解との共存というあまりに前途多難な次章の幕開けだなんて、誰が教えてくれるのだろう。

不倫も含めて物語の中に頻出するありがちなトラブル、DVも離婚も絶望的な苛立ちも、どれも暫定的な結果に過ぎない。序盤で桂が吐く「大人ならちゃんと話し合うべきだ」なんていう言葉があまりに空々しく聞こえるほど、血と知性のある人間である限り、たとえ結婚の囲いから逃げる選択肢があったところで、理解の不在の中にあり続ける。そんな窒息しそうな結婚生活を垣間見ると、不倫報道で外から間違いと正解を判断してもらえることには、ある種の気楽さすら感じるのだ。

母と恋愛

『アタラクシア』のなかで、息継ぎなしには継続し得ない結婚生活の閉塞感を描いた著者が、『デクリネゾン』、『腹を空かせた勇者ども』で光を当てたのは「恋愛する母」という存在だった。二度の離婚後、最初の夫との間にできた娘と暮らしつつ、十歳以上年下の大学生と恋愛の渦中にいる小説家の魅力と葛藤を描いた『デクリネゾン』では、家庭と仕事、そして恋愛全てに開かれているはずの自由で自立した現代女性が、しかしそれらを一つの身体に同居させようとするときのままならなさ、のようなものが美味しい料理の匂いとともに立ち上ってくる。これに対して『腹を空かせた勇者ども』で主人公の女子中学生に眼差される側に立つ母は、現時点では結婚生活を解消しないで恋人を持つ、いわば「公然不倫」の只中にある。夫にも娘にもその存在を隠されない恋人とは週に二、三回一緒に泊まっている生活だ。

コロナ禍の折、母は「彼氏がコロナ陽性になって」しまい自身が濃厚接触者となって検査を余儀なくされ、その影響は当然同居中の娘にも及ぶことになる。部活の大会を控えた娘は「みんなに何て言ったらいいの？　私のママの、仕事とかじゃなくて、不倫で？　みんなが心待ちにしてた大会が台無し？」と感情が爆発し、「そもそも彼氏って、今更だけどその時点から『はあ？』なんですけど」と、家庭と恋愛を両立しようとする母への違和感を言葉にする。「よその男と遊んで濃厚接触したママのせいで全部ぶち壊されるかもしれないんだよ？　みんながママ一人の恋愛のせいで夢を壊されるかもしれないいんだよ？」と。このとき、娘は世間よりも厳しい母の恋愛の監視者となる。親の価値観の外で一般的な言葉を学ぶ子供たちは保守的な世間の語彙も習得済みだからだ。

母親と恋愛の相性については『デクリネゾン』の娘も「母親と恋愛って、相性悪いよ。ママは無理やり両方こなしてただけじゃん」と、あえて保守的な世間の視線を内包化した指摘をする。これに対して小説家である主人公は「子供を持ったら恋愛するなって言うの？　別に子供の心地よさを追求してやることだけが親の人生じゃないでしょ」と母親であることを否定せずに恋愛に身を投じる道を探る。

『腹を空かせた勇者ども』の母もまた、「私は別に彼氏が罹ったって言ってもらっても構わないけど、玲奈は嫌なんだよね？」と自らの恋愛について毅然として肯定しようとするが、彼女が主張する「人の気持ちを鑑みながら、同時に自分の気持ちも両立させていく道」は、コロナ禍のトラブルによって一度は娘との間に深刻な溝を作りかける。平時は降りかかってきた状況として何となくそれを受け入れていた娘が、母の恋愛の間接的弊害をもろに被り、またそれを誰にも相談できない苦しみにかられるからだ。「恋愛っていうのはこの世に於いて最も批評が及ばない範疇のもの」と一見悪びれない母は、主人公や未だ同居中の夫に対して「妻」「母」に要求される役割の一部、料理や教育などの手を一切ぬかないことで家庭、仕事、恋愛の何かしらのバランスを模索し、やはり窒息しないための息つぎを確保しているようにも見える。

不倫が日常にある家庭で、娘に「ママに彼氏がいるのが嫌なんだよ。パパは嫌じゃないの？」と問われた夫は「嫌だよ。でもユリにそれが必要なら、仕方ないことだよ」と半ば容認気味でいる。娘の、もし自分がいなければもう離婚していたかという問いには「もし玲奈がいなかったら、ママはもうとっくに死んでたかもしれないし、俺は今頃モロッコとかに住んでたかもしれないよ」という返答だ。かつて両親が毎日喧嘩していた時期を知っている娘もコロナ禍の怒り爆発などを経て、結局その歪な形で落ち着いた家庭を基本的に半分は強引にだが「何となくそれでいいのかなとかやっぱちょっと複雑だなって思うけどまあ家庭としては一応回ってるかなって形？」と受け入れている。

「恋愛とか性欲は、そのもの自体がモラルとか常識とは相反するものを内包してるから」とやや回りくどいものの、恋愛の熱に半ば屈して生きることに腹を決めている母は、地獄のような毎日の喧嘩を経てなんとか家庭の日常の中に恋愛を組み入れる道を掘り当てた。しかし娘である主人公が高校生になり、徐々に家庭の庇護の下にいる子供から大人になりかけていくと、家庭内では離婚の話を持ちかけてくる。「そろそろ離婚するけど私と私の彼氏と暮らすか、奏斗（主人公の父）と暮らすか、三人で今のまま暮らし続けるかだったらどれがいい？」と母に提案された娘が三人の暮らしの可能性を尋ねると娘が「高校を卒業して家を出るまで三人で暮らす手もなくはないからと思って」と平然とした答えが返ってくる。そして娘はその選択肢を手に取ることになる。

離婚が決定した父母とのユニットとしては今までと変わらない同居生活の中で、今度は母は「今度私の彼氏と会わない？」と娘に提案する。「一緒に暮らしはしなくても、私と結婚する人だよ？」と、残り二年と少しの家庭生活の後の自分の新たな結婚生活も示唆しながら。『デクリネゾン』『腹を空かせた勇者ども』で「息するように」恋愛し、酸素を取り入れて生きながらえる母たちは、時に娘の辛辣な批評を浴びながら、母と恋愛の両立の可能性を見せてくれるように思う。ただし、「母」と両立し得る恋愛も「妻」とは暫定的にしか両立し得ない。そういう意味では女の浮気が「息するように」と言ったとき、窒息しそうな家庭の中で酸素を求めてするという意味以前の、当然のごとく意識すらせずに自然にという意味はやはり薄れる気もするのだ。少なくとも『美しさと哀しみと』などの中で男たちが家庭を脱出する気のないままに外の恋愛を享受していたのに対し、女たちの不倫の背景に、窒息しそうな結婚の限界を感じずにはいられない。

家庭を脱出する女たち

家庭の外の恋愛の重要度にかかわらず、家庭を脱出しようとする女たちがいる。彼女たちにとって世間から見れば不倫と断罪される関係はいっときの延命装置のような役割を持つこともあれば、とても軽い息継ぎの道具にすぎない場合もある。

島本理生『憐憫』の主人公は二十七歳の女優だ。二十七歳、四十歳の私が今から振り返れば若く不安定で、そのかわりにいかようにも変化し得るしなやかさを持つ。仕事や街によってはすでに成功をつかんでいる者がいるだけに、諦めや惰性を感じる者も増える。若さや外形的な魅力が消費されるような立場であればなおさら、ここで止まることができても上昇することはないような気持ちにすらなる、そんな年齢である。

子役として芸能界に入り、十代でそれなりの光が差したものの、体調や環境によるブランクもあって成功をつかみきれなかった主人公の沙良は今でも一応女優を続けている。テレビ局員と結婚した生活は安定しているものの、目立つ仕事は減り、情熱を傾ける先があるわけでもないまま年齢は積み重なってゆく。「生きていくことはごく自然に傷むこと」。職業柄、身体の傷や年齢による変化でさえ苦痛や後悔となる。

行き詰まりを感じながら時折カメラマンの女友達や事務所の後輩と飲み歩く生活の中、沙良は足を踏み入れた出会い系バーで男と出会う。関係への欲望や実際の年齢すらはっきり言わない男とは、会って二度目でホテルに入ってから逢瀬を重ね、確信的なこと以外の多くの言葉を交わすようになる。その外で生活自体は続く。どこか人を舐めているような夫の言葉の端々に引っかかり、少ない仕事の中で意思疎通がうまくいかないマネージャーに苛立ち、家族の嫌な記憶や過去の恋人の暴力的な愛情表現に悩まされる。

名付けられない男との時間では、交わした言葉と彼の仕草が淡々と描写される。最初に会ったときも、失いかけて再会した六本木の夜でも、沙良の男に対する感情は「綺麗」と感じる以上のことはない。それに対して彼との関係の外では沙良は残酷な事実を巧妙に言い当てる。「人間は簡単ではないことを知って」見る世界は、正しさで説き伏せられない現実に溢れている。かつて二十七歳だった女として、あるいは多少なりとも性別や外形的な特徴を消費されたことのある者として、私自身、共有できる痛みにいくつも遭遇する。

「人は生きたいようにしか生きられない。壊したい人たちが、それぞれに壊した。それだけです」。そう話した男との関係はやがて転機を迎える。ある種の嘘と諦めの上で成立してきた夫婦関係だけでなく、家庭の外で逢瀬を重ねてきた男との関係も幻想の上に成り立っていたことを知る。世界が少しはっきりと見え出した沙良の仕事にも家庭にも、波がやって来る。通り抜けた後、かつて二十七歳の所在ない心身と、その心身を痛めつける多くのものを抱えていた彼女はずっと「善い」形をしている。十代の頃と違って、世間的にも自分のためにも正しい選択ができる大人になっている。男との関係が途切れ、そこに重ねられていた嘘に気付き、それを必要としなくなっても、彼女は夫との結婚生活を解消する選択をする。

利用した？　そうとも言う。騙されていた？　都合のいい男？　あらゆる方法でかつての不倫関係を名付けることはできる。だから何？　と思う。人の価値を乱暴に種分けするような芸能界であるのかないのかわからない適性と事情を抱えて生きるために、あるいは自分が肯定される実感のない結婚生活をそれなりの形に保っていくために、自分を一時補完してくれるものは必要だった。それは出会い系バーで運命的に出会ったのではなく、たまたま落ちていた自分に少し似た形の箱の中に、沙良自身が作り出した、傷んでいく自分を整えるためのものだったように思う。夫婦という関係を抜け出した後、沙良の仕事と恋愛は全く新しいものに変わっている。

綿矢りさ『パッキパキ北京』もまた、はっきりと結末を明言しないにせよ、主人公の家庭からの脱出を示唆して終わる。恐るべき観察眼と孤独に耐え得る崇高な魂を持った駐在妻の、北京や東京への辛辣な批評が楽しい同作だが、主人公は家庭に恋愛を持ち込まず、自らの幸福のための基本的には経済的な基盤としてそれなりの愛情を持って夫との生活を構築している。北京の若いカップルの男性にちょっかいを出して女性の方に嫌われるなどちょっとした遊びは繰り返すものの、当初から結婚生活に恋愛や承認を求めない彼女にとって、それらが夫婦解消のきっかけにはなり得ない。

彼女が結婚生活を脱する決意をするのは、夫が「もし君が妊活もしない、北京にも残らないというのなら、残念ながら僕にも考えがある」と、愚かにも彼の考える妻の形に押し込めようとしてきたからだ。「身重にならず、身軽なまんまでいたい」と信条のように考える彼女は、自分の幸福を害する可能性のある結婚生活を、そのメリットも含めて脱出しようとする。「北京を嫌いになる前に、北京から出る」のと同じように。サイズの合わなくなった靴を潔く捨てるように夫との離婚を考える主人公の最後が清々しく感じられるのは、我々の感情や気分とは到底サイズも相性も悪い妻や既婚という立場に対して、窮屈な印象を捨てきれないところが、読んでいる我々の側にあるからかもしれない。

自由を手放して守る者たち

現代的な自由をある程度享受する女性にとって、結婚が脱出する対象でしかないのだとすれば、望んで入るそのような檻はいずれ不要なものとして、時代に淘汰されてもおかしくない。ただ、脱出を夢見る既婚女性が、実際に結婚を不要とするかはまた別の話のようで、また結婚の約束を好み、結婚を夢見て、実際に結婚してその生活を守ろうとする者たちは今でもとても多い。それが息継ぎが必要なほど居心地が悪く、息継ぎの結末として破綻する可能性を常に孕んだ危うい籠であっても。

ウェディングドレス姿で「彼氏ほしい‼」と叫び、幸福探しの旅が結婚という終着点に収まることに最後まで抵抗しようとしたのは安野モヨコ『ハッピー・マニア』(54)の主人公・重田加代子（シゲタ）だった。恋愛至上主義の彼女は長年にわたる恋愛放浪と紆余曲折の末に、初期から身近な同僚として登場する冴えないタカハシと結婚する。それまでもタカハシには愛を告白されたり、それほど大した感情なしにセックスしたり、婚約指輪を贈られたり、さらにはタカ

(54) 安野モヨコ『ハッピー・マニア』（全11巻）。「FEEL YOUNG」にて1995年～2001年連載

ハシの記憶喪失により別の女に略奪されたりしながら、何とか二人は結ばれ、シゲタもそれなりの幸福を実感する。しかし結婚式を前に逃亡を図るなど、結婚によって失う自由に最後まで抵抗し、ウェディングドレス姿の自分に違和感を持ちながら物語は幕を閉じる。

そしてその十五年後、ある日突然夫であるタカハシから離婚を切り出される場面で幕を開けるのが、二〇一七年の読み切り短編の後二〇一九年に本格的に連載がスタートした『後ハッピーマニア』(55)だ。四十代後半に差し掛かる主人公カヨコ（旧シゲタ）が、突如として安定した家庭を失うことによって転がり始める本作は、結婚したところで性格が変わるわけでも恋愛感情がなくなるわけでもない男女の、恋愛して結婚した「その後」、結婚して浮気が判明した「その後」、恋に落ちて離婚した「その後」などあらゆる「後」の物語である。

その中で、前作『ハッピー・マニア』では描かれなかった、「彼氏ほしい!!」と叫びながらもウェディングドレスを着てひとまず結婚したカヨコの、結婚の「後」が一部明らかにされる。結婚直後にコンビニに行くと言ってふらりと家出し、大阪にいる友人フクちゃんの家に身を寄せたカヨコは「自分が自

(55) 安野モヨコ『後ハッピーマニア』（1～4巻）。「FEEL YOUNG」にて2017年に読み切り短編が掲載された後、2019年～連載中

分でなくなるってゆーか『私って…こんなんだっけ⁉』って…なんかいつもと違ってて」「なんでかわかんないけどしんどい」と、スタートしたばかりの結婚生活への違和感を吐露する。結婚はカヨコにとって、当初から脱出しなくてはならない対象でしかない。

そしてフクちゃんの家でたまたま出会った、独身時代であれば間違いなく恋に落ち、沼にハマっていたであろう属性の男に誘われるままついていきかけるのだが、新大阪駅でふと我に帰り「そうだ帰らなきゃ」「帰ってタカハシに新幹線代のこと謝って　おみそ汁作って『普通の奥さん』をやらなきゃいけない」と思い立つ。

後に十五年連れ添ったタカハシに離婚を切り出された際にカヨコはその日の出来事を、自分にとって結婚の意味付けが決定した契機、そして人生を間違えた瞬間として回想する。「なんでかはわからないけど　あの時私は捨てたのだ」「自由に恋する心を　『安心して暮らしていける一生のパートナー』と引き換えに」。それがなぜ人生を間違えた瞬間かと言えば、その厳密さによって今度は自分が追い詰められるからに他ならない。

そうして時に再度トキメキを求めたり、それが夫に知れて自ら家を出ることを提案したりしながらも、なんとか家庭の枠の中で、枠を壊さずに結婚生活を続けてきた。家事はいい加減で仕事もせず、自由と引き換えに得た安心できる暮らしはしっかり享受して、それを守る最低限のモラルを自分に課してきた。「それが正しいか　間違っているかじゃなくて　現状結婚とはそういうことなのだ」「浮気をしない」「するなら夫《タカハシ》とは別れてからその人とつき合う」。そんな折に、とある女性と恋に落ちてしまったタカハシに離婚を懇願されるのだ。

この時点で実はタカハシは婚姻外部の目当ての女性と不倫関係にはない。心を奪われ、彼女と一緒になりたいという欲望を自覚した時点で生真面目にもカヨコとの関係を清算しようとする。いわばかつて本妻との関係とは別次元で婚外の妾や愛人を囲った男たちの結婚観とは対極にある。そしてカヨコは当初は四十五歳という若くない年齢で経済的・精神的な安定から放り出されることに、さらに夫の他の女への恋心に傷つき、憤慨し、のたうち回る。不倫を是としない生真面目な夫の選択は、ある意味でカヨコ自身も最低限信じてきた結婚のモラルではあるものの、結果的に二重の意味でカヨコを追い詰めることになる。

カヨコは自らも心に決めていた「結婚とはそういうこと」、つまり「浮気をしない」というモラルに対して懐疑的にすらなり、「別にそんな気にならないし浮気ぐらい…離婚の方がこまるって言うか生活変わんのがイヤなだけかもしれない」と、生真面目すぎるタカハシがたかが片思いで夫婦関係を壊したことに苛立つ。

女たちの簡単に完成されない幸福が身に染みる『後ハッピーマニア』では、十五年以上前にとりあえず幸福をつかんだかに見えた他の登場人物たちも、ままならない関係を抱えている様子が描かれている。嘘のつけないタカハシの告白によって終わりに向かうカヨコの家庭と対照的に、すでにほとんど家庭の形が破綻していながら、枠組みとしての結婚生活を解消していないフクちゃんの家庭、そして夫・ヒデキの浮気相手の様相は不気味だ。主婦業の傍ら化粧品ブランドを立ち上げ、トレーニングとスキンケアも欠かさないフクちゃんだが、夫が愛人宅から帰らない日々が続き、カヨコに言わせれば「『たとえ成功しても不幸!』の見本みたいな人生」に甘んじていた。

そのヒデキが長く居座っているのが五十九歳の寿子の家。この女が「若さと美しさが無くても愛される理由を知ってるの」と豪語する強者で、部屋とワイシャツと私をひたすら磨くことに専念し、男をとことん甘やかして料理でもてなす。働く妻であるフクちゃんと家事を分担していたヒデキにとって、靴下脱ぎっぱなしで次々料理が運ばれてくる生活はまさに天国。この関係をとうに突き止めているフクちゃんも、女性向け性感のようなところに勤めるセラピストの男子の「いいお客」として半ば不倫関係を持っている。そこまでしながら「気付いちゃってさ」「私は離婚したくない　ヒデキも耀司も失いたくないって」と結婚の解消を望まない。

カヨコもフクちゃんも、後に登場する二人の元セフレである田嶋くんの妻も、夫の裏切りにそれなりに苦しみ、しかしそれなりに責められない理由を抱えてもいる。他の女と浮気を繰り返してきた田嶋くんの妻は、かつてカヨコを誘いかけた大阪弁の男と逢瀬を重ね、短い駆け落ちまで経験する。そして「そーゆうのとうまく折り合いつけてく為に他の男が必要なの　あなたと別れない為に努力してんの私は」と、自分の浮気が結婚生活維持のための息継ぎであることを認める。カヨコはかつて浮気をしかけた際「なんか…つまんないとかもっとドキドキしたいとか彼氏ほしいとかいつも考えてる自分がいて」と自分にとって理想的な専業主婦生活をしながらも持ってはいけない不満を持つことの葛藤を吐露している。そんな、枠の中にいては窒息してしまうことを自覚している女たちがしかし、実際の離婚という問題に直面すると大きなショックとダメージを受け、拒絶を示すのが興味深い。そして浮気心によって離婚する現代的なカヨコと、夫婦ともども浮気しながら家庭を維持し、結果的に少し夫婦関係が上向くフクちゃん、さんざんな駆け落ちや慰謝料請求の上に離婚する田嶋と田嶋嫁の、どれが正解かはわからない。その善悪は現時点では保留とされている。

カヨコは寿子を「フッーのいい人と思ってた」というフクちゃんの息子に対して、「どんな事情があるにせよ人の伴侶を奪う人間がいい人なはずないじゃん」と喝破する。独身時代、モラルを無視して恋愛感情に任せて暴走し、仕事をサボり不倫もしてふるえるほどの幸福を探し求めていたカヨコが、身近なタカハシとの結婚を経て、不倫に関してある種の保守的な発言をするのは意外に思える。しかし逆に言えば、常に脱出の誘惑のある家庭を、なんとか成立させ、自由と引き換えに手に入れるはずだった「安心して暮らしていける一生のパートナー」との関係を継続するためには、恋愛暴走体質のカヨコですら、一定のモラルをインストールしてその枠を作らなくてはならないということなのかもしれない。彼女にとって結婚とは、窒息しそうになるほどしんどくて、常に脱出を夢見ながらも、実際に壊れては困るものである。脱出を夢見ることとその檻を守ることは矛盾するようで共存し得る。脱出の自由を捨ててまで手に入れた安定は、最後まで守り抜いてこそ本来の安定となるのだから。

女の浮気は許されない

元ＡＫＢ人気メンバーの不倫疑惑が、夫婦喧嘩の音声拡散などによって大きな話題を呼んだ際、世間一般の評価は妻に同情的なものと夫に同情的なものに二分していた。その後、暴露を続けた夫が多額の口止め料を要求していることなどが報じられ、夫に同情的だった一部の不倫絶対反対派のような人たちのテンションは下がったのだろうが、いずれにせよ妻の浮気疑惑に対して、夫が常軌を逸した謎行動をとる例は、某超人気女優の夫の記者会見ほか、近年ワイドショーなど現実世界の延長で散見された。夫の裏切りで妻が正気を失うというモチーフもまた、古くはエウリピデスの戯曲『メディア』[56]から島尾敏雄『死の棘』や内館牧子脚本のドラマ『昔の男』[57]など多様な形で描かれてはきたが、不倫夫と死ぬまで共存する妻が存在し得たのに対して不倫妻と共存する夫はなかなかいない。『腹を空かせた勇者ども』の主人公の両親も、結果的には娘が独立するまでの期間限定で妻に恋人がいる状態を続けていた。

ドラマ化もされたいくえみ綾『あなたのことはそれほど』[58]は、当初は割と軽い気持ちで不実の逢瀬を繰り返したダブル不倫男女の、それぞれの家庭の後先をリアルに描いた秀作だが、結果的にその二組の夫婦も、男が不倫をした家庭は傷つき中断されながらもなんとか立て直され、女が不倫をした家庭はすぐに破綻、解消される運命にある。そもそも不倫男女の美都と有島にはお互いに対する熱量の差がある。お互い若き時代に初体験の相手同士であるものの、美都にとって有島はずっと一番大好きだった初恋の人で、有島にとって美都はかつて初体験をした後に避けていた相手。有島の妻が里帰り出産をしている際に偶

(56)戯曲『メディア』(紀元前5世紀、ギリシア)。古代ギリシアの劇作家エウリピデス作の悲劇

(57)『昔の男』(2001年、TBSテレビ系)。内館牧子脚本、藤原紀香主演

(58)いくえみ綾『あなたのことはそれほど』(全6巻)。「FEEL YOUNG」にて2010〜2017年に不定期連載。2017年に波瑠主演でドラマ化された

然再会した二人はその日に関係を持ち、お互いが既婚だと知れても主に美都が関係継続を強く望んで逢瀬を重ねていた。

　徐々に隠しきれなくなっていく関係に、妻の勘が働いていることを知って恐れた有島はついに自分から罪を告白してしまい、妻は隠しきってくれなかったことに怒り、しばらく実家に帰ってしまう。それでも妻との関係を取り戻したい有島の努力と妻の「あなたの浮気一つでこんなにも乱される自分の心に興味が湧きました　なので　もう少し　様子を見ましょう…」という決意によって夫婦関係は修復に向かう。

　これに対してもともと「二番目に好きな人」と結婚すると幸福になるという占い師の言葉を信じて一番好きな有島ではない人と結婚した美都の家庭は、徐々に不気味に歪み、最終的には離婚に至る。妻のたった一言の寝言を気に病んだ夫は実は、不倫関係が始まる以前から美都の携帯を盗み見るという悪質な行為を続けており、美都の不貞にも気付きながら奇行を繰り返していく。「確かめることをやめたんだ　みっちゃん　確かめなければ僕は傷付かないよ」「ずっと君を愛する　大丈夫なんだ　ずっと君を変わらず　愛することができるよ」と不倫を許した風を装い、裏ではわざわざ美都の不倫相手である有島やその妻に接触しようとする。「これからをどう楽しくやっていくか」と言って無理矢理明るく振る舞いながら夫婦関係を維持しようとする姿は滑稽で空恐ろしくすら見える。挙句、美都に有島との子を妊娠した疑いが立ち上がると、「みっちゃん　それは　僕の子だよ」とあり得ないことを口走り、結果的にここで夫が恐ろしき怪物に変化したことを確信した美都ははっきりと別離を決断する。

かつて美都の家庭は友人らから見れば平和で理想的な、いい夫のいる問題のない家庭だった。美都はそこに窒息しそうな息苦しさを感じていたというより、二番目に好きな人との家庭を安定的に維持しながら、一番好きな人との逢瀬を楽しみに生きる道を探っていた。彼女が求めたのはある意味、かつて男性が思い描いた、本妻と愛人とを両立させる、家庭が盤石だからこそ選択できる不倫の形である。

そして夫の方も、一時は不気味にもそんな美都を受け入れ、たとえ浮気をしていたとしても愛しぬき別れない姿勢を見せていたものの、実際そのような夫婦生活がスタートしてみると、それは美都にとって大変に居心地の悪い、息のできない場所であった。それはおそらく携帯を盗み見て不倫相手を特定した夫の許しの言葉が表面的な取り繕いでしかなく、実際は不倫相手に突撃してしまうような不安定な精神状態に陥っていたことを何となく悟っていたからかもしれない。

前出の銀座ホステスの「枕営業」をめぐる不倫裁判は、七年以上にわたって客の男性と不倫していたとして、男性の妻が銀座のママに損害賠償を求めたものだった。従来、相手が既婚であることを知って性行為などをした場合には愛情の有無にかかわらず不貞行為だとして慰謝料の請求がなされるのが常だったのに対して、同年に東京地裁が下した判決は「枕営業」であれば客の妻への不法行為にはならないというもの。裁判官は「水商売の女性が営業のために客と寝ることはよくあることで、慰謝料請求が成り立つのか」「ソープランドで働く女性が客と寝ても、妻が慰謝料請求することはできないでしょう」と指摘した。

斬新な新判例のように話題を呼んだ本件だが、裁判官の感覚はどちらかといえば伝統的な男性結婚観、本妻に対するものと愛人（しかも金銭的な関係を孕む相手）に対するものとは根本的に性愛の質が違うのだから両立してもいいんじゃないですか的な不倫感覚に基づくものだ。かねて風俗やパパ活は不倫に当たるかという議論はあるが、それらの性を伴うサービスが圧倒的に男性向けのものが多い業態であることを考えると、それらを除外したところで、男性の「自分の妻にされたらどうしよう」という気分はあまり脅かされない。

かつてそのように男性たちが目指そうとした、何なら明治期には一瞬であれ法制化すらされた本妻と妾の両立という不倫関係は、閉塞的な結婚に窒息しそうな女性たちにヒントを与え得るものだったはずなのだが、どうやら自らは目指したことのあるその両立を、女性の方に許す気のある男はほとんどいない。というか私の知人男性たちの「そこそこ遊んでいる」ような属性の既婚組たちは、自分らの家庭が盤石で、妻に不貞行為はなく、自分の不倫はあくまで家庭を壊すような類のものではないと今でも信じている節があって、新しい結婚の形や息継ぎの方法を模索する女性たちの努力が身を結ぶには一にも二にもハードルが高いのは確かだ。

第五章
愛人の本懐

愛人たちのレジスタンス

Bランクの男に本妻に選ばれるくらいなら、Aランクの男の愛人でいる。これは三十四歳の女性コンサルタントである友人タマコ（仮名）が疫病禍の直前に渋谷キャストに入っているザ・リゴレットで、デザートの乗っていた皿を名残惜しくフォークで撫でながら言っていた言葉だが、彼女とはここ十年以上結構色々なところで食事をしているし、大体は後半になると酔っ払っているので、正確な記憶かと言われると微妙に違うかもしれない。いずれにせよ、彼女は自分がちょっと手を伸ばせば婚姻届くらいは取りに行くであろう男の多くをBランクだと主張し、自分がカレシと呼ぶちょっと名の知れた経営者をAランクの男と認識していた。

　長年タマコと彼女の愛し方を間近で見てきた身としては彼女の言い草は結構的を射ているのだが、よくよく考えれば変なのだ。なぜAランクの男の本妻になるという選択肢がそこにないのか。そもそも上智大卒でカナダ留学も経験し、学生時代に高級ラウンジ(59)で人気を得るくらいには結構美人で、父は東北で県庁

(59) 元々は「素人の」女性が接客するというコンセプトだからか、クラブやキャバクラと違ってドレスやスーツではなく私服の女の子たちが酒を作ったりタバコに火をつけることもなくにぎやかす、日本独特の水商売の形態。西麻布あたりに乱立し、時にキャバクラよりお金がかかる上にキャバ嬢よりタチの悪い小悪魔を引き当てることも

勤め、母は音楽教師の家柄は、ものすごく特殊な運命に導かれなくとも、別に彼女のカレシレベルの、つまり権力と財力が十分にある男と結婚するというのは、非現実的な選択肢ではないような気がする。

ただ、そこにはタマコなりのロジックがある。彼女の持論は、「女でも、現代的な意味で正しい道を必死で生きていると、気付いたら三十歳は過ぎている」。曰く、学生時代に若さの勢いに任せて初体験の相手と結婚するか、よほど結婚を強く望むという特殊能力があるか、よほど強力に結婚を進める協力者（母親など）がいるか、切羽詰まった理由があるかでもしない限り、結婚を自分ごととして考えることはない。したいとかしたくないとか以前に、いつかするかもしれないけど今のところは自分から遠いものとして思いっきり漠然としているし、手持ちの彼氏との想像できる未来よりも、自分の未来はもう少し可能性に溢れて見えている。

少し仕事にも慣れてきて、友人との夜遊びや休日の買い物・旅行以外の人生に考えが及ぶようになるのは、自分の専門分野で働き出して少なくとも五年、多くは七～八年経ってから。彼女の場合はコンサルタントとして働き出す前に、上智大学を出た直後は航空会社に勤めたり、秘書職についていたりしたため、気づいたら三十二歳独身で、いつからか挨拶のように「いい人いないの」と言うときの両親の瞳が、興味から心配に変わっていたらしい。別に恋人がずっといないわけではなかったし、結婚はしたくない、というはっきりとした思想があったわけではない。社会人としての毎日をまっとうし、独り立ちできる仕事を覚え、必要な資格のために勉強したりハクをつけるために留学したりして、なんとか自分の専門分野と呼べるものを作り、後輩たちに教えることもいくつか持ち、何となく己を一人前と見なせるように必死に生きてきた。

当然、タマコ自身にキャリアと肩書と多くの話題が加わったことにより、もともと若干高飛車な性格は増長され、恋人に求めるものも、自分に見合うと考えられる相手も変わってゆく。彼女はラウンジ時代には「お金と肩書」にしか見えなかった「お金と肩書をふんだんに持つ男たち」を、人として認識するだけの良識と、彼らの本来的な魅力に興味を持つようになったし、彼らもまた若くて可愛いのその先にある彼女をちゃんと尊び敬い、彼女の成功を喜んではくれた。そういった立場はラウンジ嬢として愛でられた頃に引けを取らないレベルで彼女を満足させるものだったが、長い間、自分よりずっと先にいると思っていた彼らには自分と同年代の、あるいはもっと歳下の妻や子供がいることに気付いたのもその頃であった。

タマコの物語など、仕事に夢中になっていたら婚期を逃した、というオーソドックスな仕事好きの話にしてしまえるのだが、ことはもう少し根深いような気もする。別に彼女は仕事好きの自覚などないだろうし、むしろ当初は航空会社や弁護士秘書を転々としながら好きな仕事を探していたくらいだし、一体いつソレを通り過ぎてしまっていたのか、本人としてもよくわかっていない。ラウンジガールと敏腕コンサルの間に契機があったのか、あるいは選ぶべき分かれ道があったのか。かといって外資系のコンサルタントファームでお尻に痣ができるほど働く彼女には、今から婚活に手を染めることも、万が一それがうまくいって、男と子供とまかり間違えば姑の世話をすることも、あまりに非現実的で、二十一歳のときに参列した友人の結婚式で感じた距離感はほとんど変わらず、今になっても結婚も出産も子育ても、何となく大人になったらするものかもしれないけど今のところは現実味のないハナシ、という域を超えていない。

年が明ければ三十五歳、高齢出産の年齢に入るにもかかわらず。そして冒頭の発言になる。

何もタマコは既婚男性との淫美な逢瀬に溺れているとか、あるいは結婚への軽めの絶望をもって不倫に甘んじているとか、そのような生活をしているわけではない。ごく自然に、現代のある種の女性が当たり前にそうであるように生きた結果として、恋人が既婚者である。と、同時に男をAランクBランクと分けるまでもなく、今の彼女は選択的な愛人の立場を手放さないようにも思う。彼女のお相手は年上で、魅力的で、成長中の会社と盤石な家庭を築いてきた自負があり、彼女は一抹の寂しさを引き受ける対価として一切の煩わしさを放棄する自由を手にして、軌道に乗り出した自分の仕事も、友達付き合いも、自分の親との付き合いも、ある程度自由な夜も、楽しんでいる。それはいっときしきりにテレビや雑誌で糾弾されていたような不倫の悲壮な罪深さとは無縁のようにも見えるし、むしろお互いの人生を背負い込むための助走をつけているような恋人同士よりずっと穏やかで破綻のない関係のようにも見える。

別に私は世のおじさま方と妙齢の淑女の皆様に不倫のススメを唱えたいわけ

ではないのだが、あれだけブームを過熱させておいて、結局、「不倫は良くないよね」「でもテレビでギャーギャー騒ぐようなことでもないよね」「必要悪とも言えるよね」「文化と言った人もいるしね」「バレずにやってほしいよね」という以上の発展が何も見えないことにはちょっと違和感がなくもない。

そう、スポーツ界を中心に相次ぐパワハラ報道に押されて、一時は呑気なこの国のお茶の間の話題を席捲していた有名人の不倫疑惑というものは影を潜めていた頃である。できればごくごく身近な人にさえ明らかにならずに死んでいきたいであろうプライベートな領域を、身近でも知り合いでもない世間に詳らかにしてみせたその報道ブームは、結局一つ目の衝撃を超えることなく追随し、飽きっぽい人々にthat's enoughと言われていったん収束していた。それ自体は、ある意味健全なことだし、飽きっぽいと同時に忘れっぽい人々は、空襲が去った後の野原に出るがごとく、初めこそ少し慎重に様子を見てはみるものの、そのうち過熱した温度など忘れて、また楽しく不健全な不倫に励み出すもので、その直後から再びパンチの利いた不倫報道はいくつか世間を騒がせた。結局、不倫についてのスタンスなど、変わらず曖昧なままに。

男女のあれこれについて書くことの多かった私は、五年ほど前は相次ぐ不倫報道を受けて、不倫や愛人について書く機会が何度もあった。不倫はなぜ罪深いのか、不倫にはどんなパターンが多いのか、不倫をどのように分類できるか、どうして不倫はこれほど人の関心を惹きつけるのか、倫理を超えるほどの情熱も時にはあるのではないか、と書いていても、結局不倫はできればしない方がいい、というごく一般的な規範を凌駕するほどの斬新な切り口など見つからない。そして何より、不倫に溺れる多くの当事者たちもまた、別にその事実を世間に全面的に許され、肯定されることなど望んでいないのだ。深夜にひっそりと手を伸ばして摘むチョコレートのように、普段よりちょっと自分に甘くなった感覚でその罪を人知れず愛でる。そういった意味で不倫についての議論は売買春についての議論と少し似ている。それがどんなに幸福をもたらすか、それがどんなに求められているか、いかに太古の昔から世界中で婚姻外のセックスが続けられてきたか、といった力説は、善悪の判断を超えることがない。

さて一方で、四十歳の働く独身女性となっていた私自身にとって、不倫は、少なくとも十年前に比べると、大変身近に迫ってくるものになった。こういう言い方では誤解を招くかもしれない。若い頃は夜の水商売をなりわいとしており、その後は沢山の高齢男性のいる古い日本企業にいた私にとって、十代二十代の頃にもそれは気付かないほど当たり前に転がってはいた。しかし、ちょっとした火遊びや好奇心、あるいは純然たるアルバイトとして経験するものだった既婚男性との付き合いは、先に紹介したコンサル会社の友人ら周囲の女性たちを見るに、あるいは自分自身に降りかかるものとして考えるに、もう少し生活に根付いた切実なものに変質している。それぞれが独自の理由をもって、世間的に肯定され得ないその小さなチョコレートを自らに許している。彼女たちを庇う言葉を私は持っているわけではない。ただ少なくとも米国とも欧州とも違った家族の形態を理想とする日本において、なぜ彼女たちが彼女たちであるか理解することはできる。独身男に本妻になってほしいと言われることより、盤石な家庭や運命の恋人がいる男に浮気相手に抜擢されることの方が圧倒的に多い人生を歩んできた私自身の実感も含めて。

　愛人は家族を中心として形成される社会の脇役である。仏映画や米ドラマに登場する家庭に比べて、日本でたとえば日曜の夕方のテレビで描かれる家族像は実に非・性的で、ドラマチックさに欠け、キスやハグよりも夫が妻を「お母さん」と呼ぶその姿に美徳がある。どんなに社会規範のグローバル化が進もうが、どんなにかつての専業主婦像が現実と乖離していこうが、結局時代の変化に男の好みが付いていっていないのか、あるいはその家族像は世界標準に是正されてしまうほど脆弱なものではないのか、いずれにせよ未だに「よき」家庭というものに対する幻想が根強いのが現状で、それでも教育制度から雇用法の変革を経て、確実にその家庭像の中にそぐわない種類の女たちが量産されているのも事実だ。少なくとも『サザエさん』にも『ドラえもん』にも出てこない彼女たちは、いくつかの脇役としての生き方を模索する。新しい家族像を模索する者もいれば、歳下の男を子飼いにする者もいる。恋人との付き合いと別れを短期間に繰り返す者もいる。そして既婚男性との本妻ではない関係に陥っていく者もいる。それは清潔な家庭を持つと同時に安定した性と刺激の供給を欲する男の需要と綺麗にマッチして、奇妙なバランスを保っている。

男の本能を持ち出しての無理矢理な肯定も、みんなしているからという開き直りも、不倫は愚かな行為であるという事実を覆すことはない。それでも愛人の印象がいつまでも更新されず、漠然とした悪でしかないのであれば、それを過剰に恐れて憎むのは不毛なことのような気もする。熱が冷めた報道の隙間を縫って、彼女たちの流儀や美徳について考えたいと思ったのはそのせいだ。不倫は愚かだが、実際には不倫を恐れ糾弾し、あるいは恨むということも実は同じくらいに愚かなことであるということは、知るに値すると思っている。性の匂いを排除した、愛らしく平和で盤石な家庭をよしとする日本に生まれたものの、現在のところ盤石な家庭とは無縁に暮らす私自身にとっても、それはとても切実なのだ。

勘違いブスの戯言？

既婚男性と恋愛する女は女として二流だ、というのはよく言われることで、自己評価と現実が一致しないいわゆる勘違いブスが陥りやすい事象であるという偏見めいた言葉は、頷けるところがないわけではない。未婚男性のマーケットからあぶれるから、既婚男性を相手にするライバルが少ないから、女性に対するハードルの下がった年上の既婚男性を相手にしているから、不倫という刺激によって男性側の興奮のハードルが下がって大した女じゃなくとも刺激的に感じるから、自分より若いという理由でおじさんに甘やかされているから、将来を約束できないことに罪悪感がある男性の財布が緩みそれによって女の側が自分がいい女だと勘違いしやすいから、男性側がせっかく見つけた愛人を手放そうとしないから、結婚相手を探す視点よりずいぶん緩やかな批評眼で見られるから。

そうやってやや現実より自己評価が高くなった二流の女が、自分には愛される価値があると勘違いし、謙虚さのような魅力が失われていくとともに、本人は本人で現実を捻じ曲げて与えてくれる既婚者男性以外になかなか男と向き合えなくなり、沼のような状態から抜け出せなくなる場合も少なくない。上がりっぱなしになっている自己評価のまま、世の男性にはロクなものがいないと文句を言い、張り詰めた恋愛をする友人に講釈を垂れつつ、浮気を怪しむ世の妻を見下す。

それくらいならばまだ可愛げがあるものの、ある者は自分の恋人の家族を憎々しく思うようになりフェイスブックページを見つけて笑いのネタにして、またある者は彼自身に妻の悪口を吐いてその妻と別れずにいる彼自身をなじるようになった。子供との約束を優先して自分との時間を早く切り上げることを責め、セックスレスになっている彼の家庭を見下し、妻への愛が冷めた男が欲するのは自分のことだけだと信じて疑わない。そのような女たちを実際に私は見てきたし、既婚男性との付き合い自体を全否定するつもりはなくとも、そういった態度には違和感を感じる。

数年前、これまで既婚男性数人と軽めの付き合いを重ねていた同い年の友人ヒメコ（仮名）と食事をしていたところ、彼女がドヤ顔で携帯電話の画面を見せてきた。要は、彼女との付き合いを疑った男性の妻が、男性の携帯を勝手に使用して、私の友人に対して軽く罵倒しながら別れを切り出すメッセージを送ってきたようで、別のSNSのメッセージ機能を使って彼には確認済みだった。彼女は延々と、旦那の携帯を見るような女にはなりたくない、若い女に旦那を取られて悪あがきするような女にはなりたくない、もう自分を愛していない旦那にしがみつく女にはなりたくない、といった趣旨のことを笑い混じりで話し続けた。夫婦であれ人の携帯電話を盗み見する行為自体は確かに褒められたものではないのだが、私はヒメコが見落としているものがあるような気がして、それでもそれが何であるのかよくわからずに何となく話を合わせた。

カップルの女の側が浮気している、不倫しているという例も少なからず耳にするが、彼女たちの場合、子供のことや経済的な事情から離婚や別れを望んでいないにしても、旦那に性的な魅力をすでに感じていない、と話すことが多い。また結婚していないカップルの場合はもっと顕著で、女性の浮気はそのまま次の恋に発展する場合も多い。そのセオリーに則ると、確かに浮気相手に夢中になったり愛人を可愛がったりする男性は、すでに自分の本命の女や妻に魅力を感じていない、ということになるのだが、実情はそうとも思えない。

むしろ、自分の家庭や妻に特に不満もなく、安定に慢心していて、子づくりも順調であってなお、別の女性にちょっかいを出す男性はとても多い。もちろん、妻に不満がある人も、家庭が息苦しい、あるいは寂しいと感じている人もいるだろうが、問題なく家庭を愛している人もいる。これは女性の側にはそれほど見られない現象で、だからこそ理解し難く、自分に夢中なはずの恋人が、家庭で二人目の子供をつくっていた、なんていう事実にショックを受ける女もいる。ただ、夜の街にいるとよくわかるが、男の浮気心と家庭への愛や本命の女の質には相関関係がない。ホストクラブの上客のほとんどが未婚女性であるのに対し、キャバクラやクラブの上客は既婚男性が多いのと少し似ている。

男の多くは本妻あるいは本命の彼女、ファム・ファタールのような存在と、遊び相手や浮気相手、愛人、商売女などという生き物を、同じ生き物だと思っていない節がある。会社で部下の女に話すことと、夜の街でお金を払ってホステスに話すことの内容はおろか口調すら変わるのと同じように、友達としては好きだけど恋人として付き合うことはできないなんていうことがあまたあるように、女は好きだが姉や妹の裸なんて全く見たくはないと思うように、男にとって本命と浮気は全く別ジャンルの何かであり、どちらかがどちらかに取って代わることなど基本的に全く考えていないようなのだ。

これは結構残酷なことである。妻が望むウェディングドレスや妊娠なんていうコンテンツを、愛人も似たように夢見ることがあるとは思わない。妻と作り出す生活の隙間を埋める刺激となってくれる愛人が、それ以外の時間に何を思うかに想像が及ばない。その残酷さを受け止めることができないのであれば、既婚男性との付き合いは、悲しみや勘違いを生むだけだ。

ここ二年ほど、一人の既婚男性と付き合いを続けている女がいる。彼は彼女より年上だが、彼の妻は彼女より六歳年下で、結婚して七年、子供は二人いる。二人目の娘はつい最近生まれたばかりだ。もともとテレビ局の受付をしていた妻は現在は子育てと主婦業に専念していて、彼女はバイリンガルのテレビ局員である。

一度、普段はうまくいっている彼の家庭が破綻の危機に直面したことがある。彼女との付き合いが原因だったわけではなく、彼の転職と独立に家族が反対をしたことから離婚直前にまで発展する喧嘩になったそうだが、そんなときに彼女はいたって冷静だった。

「家庭のゴタゴタで落ち込んでいるなら私との時間に楽しんでくれれば、くらいは思うけど。どういう結論になるかは私には関係がないからね」

彼女の言葉は冷たくも聞こえるし強がりにも聞こえて、意地悪な周囲は何かしらの本音を引き出そうと、別れたらどうするのか、一緒に住むのか、そもそも家庭がうまくいっていなくて彼女に乗り換えようとしているのではないか、などと問い詰めたが、彼女の見解はこうだった。

「今は彼の方がかなり怒っているけど子供もいるし、そうそう別れるなんて結論は出さないよ。それに、万が一だけど、彼が今の奥さんと別れることになっても、別に私と次に結婚はしないからね。奥さんがいるから私と結婚しないわけじゃないから。多分」

もちろん彼女は、彼の妻についてはその経歴や容姿、出身地などを断片的に知っているだけで会ったことも喋ったこともないが、その妻と自分が全く別の価値に重きを置いて生きていることを感じとっていた。だからこそ彼にとって、自分のような女がその道でどれだけ魅力的であっても、妻の代替物にはならないというのが彼女自身の認識であった。今の妻を妻とする男が、自分のような女を妻にはしないとも確信していた。

当然、意地悪かつ親切で、彼女の魅力をよく知っている周囲は、彼の妻が彼女に何か優っているようには思えずに、彼女にもそのようなことを言っていたのだが、その一点について、彼女の考えは頑なだった。家柄もよく学歴も申し分ない。むしろ彼よりも学歴は高く、語学においては二倍も三倍も上手だったし、収入も彼と肩を並べているのに、顔は少しギャルっぽさの残る美人である。彼女自身、自己評価が低いわけではなく、仕事などではむしろ評価を求めてがっつくタイプだったものの、彼のような男性の本妻の位置につくということについて、彼女は全く最初から静かに絶望していた。むしろ、周囲から見れば邪魔に見える妻がいるからこそ、彼にとって自分のようなタイプの自由な女が魅力的に見えるとも言っていた。

彼女の見解が、一〇〇%間違いないかというと、それは私にはわからない。実際に、不倫相手と再婚する人はそれなりの数がいるし、その後、夫婦仲がなんとか修復された彼がもしあのときに妻と離婚していた場合に、彼女との付き合いをどのように発展させていたかは憶測しかできない。彼女が言う通り、彼女との付き合いは保存したまま、前妻と似たようなタイプの新妻を探していたかもしれないし、彼女のもとに居ついていたかもしれない。

ただ、彼女のそのような自己認識と、男の都合のいい愛のあり方への理解は、少なくとも彼女を勘違いブスと一線を画した愛人にしているように思う。悪口や愚痴を言わせようとする周囲に、彼女がそそのかされることは稀だったが、次のような言葉は印象深い。

「私が妻より持ってるものって、収入とか学歴とか社会的信用とか、別に彼女がこれから得ようと思えば頑張りゃ得られるものだけど、彼女が勝ってる部分って、若さとか無邪気さとか素直さとか、今から私がどうやったって獲得できないものだから、もしそれに嫉妬したら、一生克服できないで嫉妬し続けなきゃいけないでしょ。彼女の手にしているものは羨ましいけど、でも羨ましくない。そういう人生は送れなかったし、もう一回人生やり直しても送れないと思うし」

愛人は何かを奪うのか

既婚男性との情事を肯定する論理を探すのは難しい。ただ、実際考えてみれば、当事者の誰かが「傷ついた」とか「寂しい思いをした」とかいう裁きにくい理由を一度棚上げしてみると、それを外部からはっきりと否定する論理も実は見出しにくい。人の所有物を奪うのは金品の窃盗と同じように否定できるが、はたして婚姻関係にあるパートナーが誰かの所有物かどうかという問題があるし、モノガミーのもとでは少なくとも婚姻は所有に近いと見なしたところで、その論理における「奪う」は婚姻関係そのものを奪う、ということになるわけだから、妻との結婚を破綻させ、自分が新しい結婚相手におさまろう、という態度がなければ「奪う」が成立しない。愛人という立ち位置を受け入れ、相手の婚姻関係を壊すつもりなど毛頭ないと言われてしまうと、愛人が妻から何かを奪っていると主張するのは意外と厄介な作業だ。

さて、そんなことは愛人の側の詭弁である。実際に不倫が発覚した場合、不倫相手に「奪う」気がなくとも妻と夫の間の信頼のもとに築き上げられた婚姻関係を間接的に破綻させるかもしれない。相手を信頼していた妻から、心の安定や幸福と呼ばれる何かを奪っているかもしれない。不倫関係が深まることで、妻が夫と過ごすはずの時間を奪うこともあるだろうし、妻や子供に使われるべきお金が愛人に流れることもあるかもしれない。あるいは、妻からではなく、夫、つまり自分の既婚の恋人からも何かを奪う可能性はある。社会的な信頼、妻との良好な関係、心の平穏、家族との時間。既婚男性と関係を持つことは外から考えてみても、あらゆる方法で人を傷つける可能性があり、そんなことを平気でしてしまう女の存在を肯定できないから、世間に非難され、時には仕事まで奪われる。

ただ不倫がなくならないのは、そういった事情が理解されていない、知られていないからではない。そのように被害者を生む可能性があっても、それを(あくまで自分の中では)超える理由があるからだ。ある者は商売のために、ある者は自分を救うために、ある者は燃えたぎってしまった恋心に導かれて。当然、人間は罪悪感を忘却できるほど強くはないし、危険を顧みないほど無知でもないので、それぞれに言い訳があり、商売で、あるいは生活のために愛人稼業を続ける者は、お金はもらっても妻に向けるような愛はもらっていないと言うし、自分にもそれなりの収入がある者は時間に多少の犠牲ができてもお金は一切負担させていないと言う。そして「奪わない」ということに強く執着し、自らの行動指針を作る女もいる。

彼女は三十七歳の未婚女性で、名をウメコ（仮名）という。もともとは監査法人に秘書職として勤めていたが、二十九歳でベンチャー企業の立ち上げに参加し、現在は創設メンバーの管理職として有名複合ビルのオフィスで主に採用や新人教育を担当している。仕事は順調で、企業紹介を主たる目的としたメールマガジンの編集や、派遣やバイト職員の管理もほぼ一人でこなす彼女の日常はそのほとんどが仕事で埋まるほど忙しい。自宅はオフィスから徒歩で十分程度の都心部にあるマンションで、ペットの猫と暮らすために比較的築年数が古く、そのかわりに部屋数と平米数が多い部屋を賃貸で借りてもう五年になる。オフィスに一度も顔を出さない休みはせいぜい週に一回、日曜日か土曜日のどちらかになることが多く、美容院の予定や友人との食事ですぐにひと月の予定は埋まってしまう。

ウメコの恋人は、彼女も経営に携わるその会社の社長で、企業立ち上げ当初から男女の関係が続く。彼は二十五歳になる前に学生時代に付き合っていた女性と籍を入れており、現在でも妻とすでに中学生になる息子と世田谷区内に暮らしている。当然、知り合った当初からウメコも彼が既婚者の子持ちであることは知っていたが、中心となって会社を作ろうとする彼の発想の豊かさや、独りよがりではない社会派なビジョンに好感は持っていたし、何度も二人で食事を重ねて、ある日食事の後に家に寄ってもいいか、と聞かれたときに、断る理由は思いつかなかった。彼は家に上がり、今まさに立ち上がろうとしている新企業の出資者の話などで盛り上がった後、ソファでキスして、ベッドに移動したいと言った。そこにも、断る理由が見つからなかった。当然、セックスの後、ペットボトルの水を飲みきるよりも前に、彼はタクシーで自宅に帰った。次の週にも、似たようなことがあり、その次の週はスタートアップが大詰めでお互いに時間の余裕がなかったが、ひと月後にはまた似たようなことがあった。

すでに八年目に突入するウメコと彼の関係は、会社の都合や彼女の引越し、彼の生活の変化などで何度か新しい展開を経て、ここ四〜五年は安定した形になっている。息子が大きくなったことで、彼の妻は週に数回のペースで美容の仕事に復帰するようになり、仕事関係の理由や時々の遊びなどで妻が遅くなる日は、彼は仕事の後にウメコの自宅に立ち寄る。すでにお互い食事を済ませている場合も、彼女が簡単に用意する場合もあるが、お酒は飲まずに、彼は深夜に自家用車を運転して自宅に戻る。うっかり寝てしまわないように、彼女はアラームを◯時にセットしてからくつろぐようにしている。

「奪う不倫は長続きしない」というのがウメコの持論である。昔の華族や大商人のようにお妾さんを囲ってなおあまりある富があるならそれはいい。ただ、社長とはいえ彼女の恋人は不安定なベンチャー企業を何とか軌道に乗せている身。そんな彼の財産に、愛人がいるというような証拠はおそらく一度も残っていない。彼女は料理の食材代やごくたまに二人で飲むお酒代、交通費、家賃、彼に頼まれて買うコンビニのお水やお菓子代すら、彼から受け取ったことはないと言う。

「最初のうちの食事は、もちろん彼の奢りだったよ。それは単に、会社を一緒に立ち上げようとする仲間として奢ってもらってて、たまたまそのときには彼の方が収入があって、年上で、男だったからだと思う。でも、彼との関係を、このままでいいからとにかく、継続可能にしたいなと思ったときに、まずはお金、それから時間とか、もちろん気持ちとか家族愛とか、奪わないように気をつけようと思った。そもそも、不倫がバレるのって、金遣いが荒くなったり、よくわからない領収書とかカード請求が見つかったり、が多いと思う。それで不倫そのもの自体よりも、自宅に入れるべきお金を他の女なんかに貢いだっていうことでゲキる奥さんが多いじゃない」

何もウメコは、奪わないことを免罪符に、不倫を社会的に了解してもらおうという気はさらさらない。全く同じ時間にオフィスを出られるときも、絶対に二人では歩かないし、SNSは一つも登録すらしていない。彼の服に猫の毛がつかないよう、猫の部屋と二人で過ごす部屋を分け、それでも飽き足らず、床やソファ、帰る前の彼の衣類などは念入りにコロコロテープで掃除する。憎まれたり、怒られたりするのが怖い気持ちも当然ある。ただそれ以上に、仕事でもプライベートでも、彼女の人生を大きく左右し、また現時点で人生の大半を占める彼との不倫関係が、不本意な終わりを迎えることが最も怖い。

「正直、奥さんとはもう二十年近く一緒にいて、子供も大きくて、奥さんは仕事復帰してて、私ほど神経質にならないでも不倫なんて簡単にできる立場だと思う。サラリーマン時代と違って、社長なら、時間が不規則で泊まりとか出張とか休日出勤なんて簡単にコントロールできるし、もう一人のうちの会社のボスは、奥さん合意のもと、うちの近くにワンルーム借りてるし。ま、彼は自宅が千葉だからっていうのもあるけど。でも、万が一何かの拍子に関係が明るみになったら、すでにセックスレスで夫より仕事と子供、と思ってた奥さんだって、絶対に怒る。そのときについて、私、考えたの。本当は手に入ったものが愛人のせいで私に回ってこなかった、っていう怒りが一番強いんじゃないかなって。だから、なるべくそれを少なく、限りなくゼロにしたいんだよ。本来なら自宅で奥さんと一緒にいられた時間は、本当に自宅で奥さんと一緒にいられるように。ちょっとした自分の買い物以外のお金が全部奥さんと子供に渡るように。彼から、たまには休日ゆっくりしよう、とか、旅行行こうって言われたこともあるけど、断った。今まで一緒に行ったのは出張の大阪とか福岡だけ」

幸い、彼と同じ会社の屋台骨であるウメコには、その理想を実現できるだけの財力と、自分の生活や仕事を成り立たせる力、また彼の休日を奪わなくても寂しくならない程度の社交的な性格や多忙な仕事を手にしていた。彼女は、他の社員と同じだけの家賃補助を会社の経費で受けている以外は、全て自分の給与明細にある金額の範囲内で、食事をして映画を観て猫の餌を買って家具や家電を揃え、趣味の化粧品や衣類のショッピングを楽しむ。

正直、妻の気持ちから話す彼女の言うことが、どれくらい本音で、どれくらいが自分の保身のための理由づけに過ぎないのか、私には判別できない。ただ、彼女の言葉遣いやこれまでしてきたことを考えると、おそらくそれらは分離できる類のものではないのだろうと思う。彼女の願いは彼との関係の継続であって、それを可能にするはずである、と彼女が考えて出した結論が、もらえるものであっても本来自分のところに来るべきでないものについては得ないこと、ひいては妻に、「奪われた」と感じさせないことなのだ。彼女自身、何一つ奪っていないのか、と考えれば、そうではないかもしれない。どんなに神経質に、ストイックに関係を紡いでも、ある日突然、何かの拍子に、あるいは彼のちょっとした心変わりで終わってしまう、そして終わったとして誰に同情されるわけでもなく、むしろそんな関係を知るごく僅かな知人には歓迎すらされるような関係であることも確かだ。ただ、彼女が自分を全否定しないために編み出した彼女なりの規律は、尊いものだと私にも思えた。

風と共に去るしかない

『ボヴァリー夫人』から『失楽園』まで、結婚制度からこぼれ落ちた恋愛を描き、残酷で哀しい終わり方をする小説や映画は無数にある。特に社会階級や宗教対立などが極めて限定的で、男女の生き方も近代前に比べれば飛躍的に多様になり、国際結婚すら別に珍しくない現代においては、『ロミオとジュリエット』[60]や『ウエスト・サイド・ストーリー』[61]的な意味での恋愛の障壁、愛するのが許されないのに愛しちゃった系の残酷な関係を描くのは、『高校教師』[62]や『パッチギ!』[63]など一部を除いて多くが不倫モノになる。ここぞとばかりにめでたしめでたしで終わらない悲恋の物語がそこに凝縮する。罪は罰せられ、罪のない者も巻き込んで、人がすれ違い、人が傷を負い、人が死ぬ。

ただ、ハリウッド映画でも日本の小説でも、古典から現代に至るまで愛と苦

(60)戯曲『ロミオとジュリエット』(1595年頃、イギリス)。劇作家ウィリアム・シェイクスピアによる恋愛悲劇

(61)『ウエスト・サイド物語』は、戯曲『ロミオとジュリエット』を基にしたブロードウェイ上演のミュージカル(1957年)。その後、二度にわたり映画化された。ロバート・ワイズ、ジェローム・ロビンズ監督『ウエスト・サイド物語』(1961年、アメリカ)、スティーヴン・スピルバーグ監督『ウエスト・サイド・ストーリー』(2021年、アメリカ)

(62)『高校教師』(1993年、TBSテレビ系)。野島伸司脚本、真田広之・桜井幸子主演

(63)井筒和幸監督『パッチギ!』(2004年)。塩谷瞬主演の青春群像劇

しみと罪と罰を描いたような壮大な不倫大作、美しく残酷な不倫物語というのは、伝統的に女性側の不倫、もしくはダブル不倫を描いたものが多い。『アンナ・カレーニナ』[64]も『マディソン郡の橋』[65]も『恋に落ちて』[66]も『逢びき』[67]も『グレート・ギャツビー』[68]ですらそうだし、『昼顔』も『不機嫌な果実』[69]も『愛の流刑地』[70]もそうだ。より退廃的で、より罪深く、より文学であるのは女性の不倫であり、だからヒロスエ的なものが人の興味を引くのは必然なんだと言わんばかりに。

　さて、オペラ『椿姫』[71]をモチーフにした米映画『黄昏』[72]や成瀬巳喜男『浮雲』[73]など未婚女性の不倫を扱った悲恋作品ももちろんないことはないが、既婚男と愛人は、それ自体がモチーフとなるのではなく、単なるサイドストーリーや夫のロクデモナさを説明する小道具のように扱われることの方が圧倒的に多い。数多の文豪の作品や昭和の一代記、『血と骨』[74]のように戦後の家族を描いたものでも身勝手で暴力的な夫が愛人を囲っていることは多いし、コメディ漫画では昼下がりの社長室で秘書と愛し合ってる社長が、ほとんどただの日常の背景として挿入される。男と愛人なんていう陳腐な関係に、描くほどの物語性

(64) レフ・トルストイ『アンナ・カレーニナ』（1877年）。『戦争と平和』と並ぶトルストイの代表作として、映画や演劇など多様な派生作品が知られている

(65) ロバート・ジェームズ・ウォラー『マディソン郡の橋』（1992年）。1995年に映画化され、クリント・イーストウッドが監督およびプロデューサー（キャスリーン・ケネディ共同プロデューサー）、そして主演を務めた

(66) マイケル・クリストファー監督『恋に落ちて』（1984年、アメリカ）。小林明子が同名の主題歌を歌った日本ドラマは本作のオマージュ

(67) デヴィッド・リーン監督『逢びき』（1945年、イギリス）。ノエル・カワードの戯曲『静物画』を原作と

はないと言わんばかりに。

要するに、許されない恋に身を投じてしまう既婚女性の末路は多くの文学が寂しさや悲しさとともに指し示してきたわけだが、不倫関係を持つ未婚女性の物語はそれほど有名な物語によって共有されていないし、「いかにも！」という感じでピンとくる末路はあまり思い当たらない。既婚男性との恋愛にうつつを抜かす愛人たちは、よって、文学未満の己の末路を自ら描ききらなくてはならないのだ。そして当然、それは物語として語られるようなドラマチックにもスキャンダルにも欠けた、とても地味でつまらないものになることが想像できる。

三十代前半の頃、翻訳を生業とする同い年の友人のウブコ（仮名）が、こんなことを言っていた。

「家族がいる男との恋愛の一番辛いところは、絶対にこちらが終わりを決めなきゃいけないことだよ」

そんなことを言うウブコは、自分から終わりを決められなかった一人でもある。大学を出て、修士課程に進んだものの、修士論文を書かずにそのまま翻訳

した、セリア・ジョンソン、トレヴァー・ハワード主演の恋愛映画。第1回カンヌ国際映画祭グランプリ受賞

(68)フランシス・スコット・フィッツジェラルド『グレート・ギャツビー』（1925年）

(69)林真理子『不機嫌な果実』（1996年）。1997年に中園ミホ脚本、石田ゆり子・岡本健一主演でドラマ化され（2016年にも再度ドラマ化）、また同年に成瀬活雄監督、南果歩・鈴木一真主演で映画化された

(70)渡辺淳一『愛の流刑地』（2006年）。2007年に鶴橋康夫監督、豊川悦司・寺島しのぶ主演で映画化され、また同年に江口楯男（前編）・川嶋澄乃（後編）脚本、岸谷五朗・高岡早紀主演でドラマ化された

の会社に就職、ちょうどその頃から、飲み友達が連れてきたアパレル系の会社社長と付き合い出した。付き合い出した当初の相手の年齢は四十八歳、二十歳以上の年の差の割には、彼の見た目は若々しく、お似合いのカップルに見えたが、彼には同級生の妻と中学生の息子がいた。

本好きのウブコはそれなりに入れ込んで仕事をしていたし、週に一回の逢瀬はちょうどよく、意外に人目を気にせず食事や映画に連れて行ってくれる彼との付き合いにほとんど不満はなかった。水曜日か木曜日の夕方にどこかで待ち合わせて、深夜に彼女の家から帰っていくというのが日常となり、気付けば彼の年齢は五十五歳に届こうとしていた。お正月やお盆のイレギュラーを除くと、ほとんど彼が既婚者であるということも忘れるほどで、自分が三十歳を過ぎたことにすら、しばらく無自覚に過ごした。

子供が成人したところで、あるいは妻とセックスをしていない期間が十年近く続いたところで、家族との生活を諦めることはない彼との付き合いには未来がないのは当たり前に受け入れていたが、未来がないと同時に終わりがないことにも薄々感づいてはいたらしい。将来をともにするわけでも、家族を作るわ

(71)ジュゼッペ・ヴェルディによるオペラ『椿姫』(1858年、イタリア)。原作は、アレクサンドル・デュマ・フィス『椿姫』(1848年、フランス)。小デュマ本人による戯曲の他、オペラや映画化など多くの派生作品を生んだ

(72)ウィリアム・ワイラー監督『黄昏』(1952年、アメリカ)。オペラ『椿姫』をモチーフとした、ローレンス・オリヴィエ、ジェニファー・ジョーンズ主演映画。原作は、セオドア・ドライサー『シスター・キャリー』(1900年)

(73)成瀬巳喜男監督『浮雲』(1955年)。高峰秀子主演。原作は、林芙美子『浮雲』(1951年)

(74)崔洋一監督『血と骨』(2004年)。ビートたけ

し・鈴木京香主演。原作は、梁石日『血と骨』（１９９８年）

けでも、親や親族を巻き込んだ付き合いに発展するわけでもない関係で、意見の違いが決定的になるようなことはなかったし、責任がない分、お互いが相手を責めて喧嘩になることすらほとんどなかった。生活のほとんどは家族と過ごす彼の、面倒なところを引き受けるのは息子や妻であって、恋人である彼女は彼の靴下すら洗うことはない。一緒に使ったグラスや数枚のお皿を洗う程度で、不満が募ることはなかった。もともと結婚が視野に入っていないせいで、結婚の時期や形をきっかけに溝ができることも当然なく、面倒をみてくれる家族がいる彼は、逆に彼女のわがままや面倒にはとても寛大だった。

すでに家族を作ることや自分の遺伝子を残すことをとうの昔に達成している彼は孤独死する不安や、こんな非生産的な時間を過ごしていいのかという焦りとは無縁なわけで、何年もバレずに続けてきた彼女との付き合いが自分にとってマイナスにならない限り、終わらせる理由がないのは明らかだった。彼女としても、終わるきっかけは、孤独死も焦りも具体的な不安として抱えている自分の方が作らなくてはいけない、と、途中から思ってはいたが、直接的には何の害も不満もない彼と、もう会わないと決めるのは難しく、もう少し一緒にいよう、誰かと出会いがあるまでは彼といよう、と先延ばしにしているうちに、また一年も二年も時間は過ぎた。その間も、二人でいる時間にはストレスがなく、長年一緒にいればいるほど、他の人と新しい恋愛をするのはとても面倒に思えてしまう。

結局、ウブコは自分から彼との付き合いに終止符を打つことはできなかった。それでも、彼女は彼と会わなくなった。彼が勤務中に脳梗塞で倒れたのだ。命は助かったものの、今までのように深夜まで自由に出歩けるような状態ではなく、そもそも入院中にはお見舞いに行けるわけもなく、結果的に彼が倒れてからその後は一度も会うことはなかった。何度かメールでのやりとりはあったが、彼の中では、彼女との付き合いを何とかして続けるというのはもう無理だという答えが出ていたようで、割とあっけなく終わることとなったのだ。

彼女は同い年のバツイチの彼と五年前に同棲を始め、おそらく年内に正式に結婚する。

「正直、彼が倒れたときは死ぬほど辛かったし、怖かったし、何でまだまだ若いのにそんな下手したら死んじゃうような病気になるのか、運命が残酷すぎると思ったけど、そのきっかけがなかったら私は絶対に彼と別れる勇気はなかったわけで、そう考えるとあの事件がなかった方が実は怖いかも。本当に、あのタイミングで病気になったおかげ三十三歳でギリギリまだ色々将来のこととか考え直せる時期にフリーになれた。不謹慎だけど運がよかったとも言える」

思い起こせば、彼女は学生時代から、恋愛を自分から終わらせたことはなかった。それでもお互い独身の恋愛であれば、彼の心変わりや、お互い別の大学に進んだタイミング、どちらかの浮気、働き出すタイミングなど、別れる理由やきっかけはいくらでもあった。なんかこの人と合わないな、とか、将来のビジョンが違いすぎるな、と思っても、何となく続けてしまってはいたが、別れ話をこちらから切り出さなくても、終わりというのは訪れるものだった。「私みたいに別れるのが苦手な人は、既婚者との恋愛はなおさら終わらせられない。本当はしちゃいけない人種」とも言っていた。

自分から別れ話を切り出せるような人であっても、既婚の彼との別れを決意することは容易ではないのだと思う。私の知人で、仕事や飲み会で一緒になる男性をすぐに虜にしてしまうほど綺麗なアメコ（仮名）という人がいて、それでも自分の損得を恋愛で打算するようなこととは無縁で、つい最近まで、既婚でかなり年上の男性と五年以上一筋に付き合っていた、というのは何となくの噂で知っていた。五年以上も、尊敬できる男と真面目に付き合っていて、突然別れたというのはどういう経緯なのか気になって、一度だけ、彼との付き合いについてアメコに聞いてみたことがある。

長い間、他の男性の誘いに乗ることもなく、彼との時間を大切にしてきた。それでも、彼が自分との将来を考える可能性があるのか、そもそもどれくらい真剣な付き合いだと思っているのか、このままあまり誰にも話せないような恋愛を続けていいのか、はかりかねていることに疲れを感じてきた頃、ちょっとした体調不良でアメコは二週間以上入院することになったらしい。当初、自分で携帯をいじることができず、かといって家族は彼との関係を知らない。そもそも彼との付き合いを知っている人は本当にごく一部で、自分から連絡をしない限り、彼に自分の状況が伝わることはないと思った。この先、もっと深刻な病状で、死ぬ前に一目会いたい、と思っても叶わず、その願いを伝えてもらうことすらできない関係はあまりに残酷、病院のベッドでそう思ったことが固く別れを決意するきっかけとなる。彼の方はそれほど急いで答えを出す必要はないのでは、と食い下がったらしいが、彼女の意思は固く、彼も最終的には受け入れざるを得なかった。

すでに家族を作っている既婚男性は、余暇のプラスアルファとしての不毛な関係を不毛とは思わず、彼の持っているものをまだ持っていない自分の寂しさを共有してはくれない。当然、彼の方に別れる理由は特にない。独身女性との豊かな恋愛は、自分の生活に潤いを与えてくれることこそあれ、自分の生活を停滞させることはないのだから。一生、既婚男性の愛人としてある程度の生活保障を約束されることが、自分の人生で達成できる最高の高みであるような女ならばそれでもいいのかもしれないが、少なくとも自分の足でよりよい未来を切り開けるような働く女は、いつかは自分から、彼の元を去らなければならない。

耐えられないほどの不満がない状況で、別れれば寂しいのが明らかであっても、意志によって自分から別れることができない女は、不倫には向かない。向かないというより、既婚男性を愛する資格はないのかもしれない。

パチンコより批判されて死別より憐れまれるもの

私自身の経歴のせいだと思うが、年若い女性に「AVに出るかどうか迷っている」とか「引越しのときに一瞬風俗で働いてしまったが続けようか迷っている」、あるいは「やっぱり学生時代にお水とか風俗とか経験しておいた方がいいですか」などと聞かれることがある。時折男性からも、「彼女がパパ活しているようで、やめさせたい」とか「彼女が昔AV出てたことをたまたま知っちゃった」とかいう相談を受けるし、大学に勤める先輩から「若い女の学生に身体を売るような仕事をしない方がいい理由を聞かれて困っている」と言われたこともある。

身体を売ることを否定する論理を見つけるのは難しく、私は修士の学生の頃から今でも長らくそんなことばかりを考えているのだけど、それ自体を否定できなくとも付随する不利・不便・不都合を並べて何となくお茶を濁すことはできる。

たとえば、風俗にしろAVにしろ、仕事の構造的にキャリアが積み上がっていく仕組みではなく、むしろ年齢の若さが重要な価値を持つ業界であるゆえ、スキルアップやステップアップしていくのではなく、徐々に価値が下がる仕事というのはモチベーションが保ちにくいし、だんだん扱いがよくなるどころか逆なので年々自分が必要とされていないような気分になって虚《むな》しい、ということ。私自身の実感するところでもある。もちろん、ブレイクするAV女優や匠《たくみ》の技が人気の風俗嬢のような存在はいるのだが、存在としては割と珍しいのだ。

あるいは自分の仕事について、おそらく、家族や恋人、未来の家族や職場の人などに嘘をついている人が多い業界でもある。嘘をつくと心が疲れるだけでなく、隠し事のある人というのは何かのきっかけで「バラされたくないから……」という心理状態を利用されて脅されたり命令されたりする可能性もある。親にバラされたくないから恋人と別れられない、など。私も過去の仕事を知る彼氏に変なことを言いふらされたくなくてモタモタしていたら関係はさらに悪化して結局親にも会社にもバラされるということがあった。一生そういった業界で生きていくつもりだから、と思っていても人は心変わりする生き物なので、今好きな仕事が来年好きな仕事とは限らないし、好きじゃなくなったときに、単にやめれば心の疲れも取れるかというとそうではない。むしろその業界を離れてから出会った人に過去を打ち明けていない心苦しさなどは後から襲ってくるものだ。

それからもう一つ、親身な友人やあなたのことを真面目に考える家族こそ本格的に止めようとするので、せっかくの一番の理解者と関係が拗れることがある。これも私がよく言うことで、ギャンブルにせよ売春にせよドラッグにせよ、世間は面白いねーと聞いてくれるかもしれないが、親しければ親しいほど、やめなよと言うのがフツウである。別に世間一般で良いとされている生き方が良いものとは限らないし、そのような常識を押し付けてくる人の方がおかしいと強い思想を持つのは自由なのだが、親切な人は自分の身近な人が後ろ指を指される可能性があるような選択をするときに批判してくれるものでもある。

この最後の理由は、風俗やAVよりも、ディープな不倫関係を続けていた複数人の知人と話すうちに思いついた。以前お悩み相談のような連載を持っていた頃、友人の不倫を止めたいという悩みが一年に三度もきたことがあった。止める側の友人に関しては、結婚に関しての考え方に国民の総意があるわけでもなく、一人の排他的なパートナーとセックスし続けるという信仰はあなた独自のものであって人に強制するのは政治的な思想の押し付けのようなものだと答えたけれど、止められる側であれば、男女関係など自分が夢中になったり常軌を逸したりする事柄においては大抵は周囲の親しい人の意見の方が正しい、と逆のことを答えてきた。

既婚男性と付き合っていると友人をなくす、と言ったのはうちの母で、別にその後に既婚男性と付き合っている友人はたくさんできたので、普遍性のある言葉ではない。ただし、確かに人によってはそれこそ大女優から仕事の一切を奪いたくなるほど怒りのボルテージが上がるトピックなので、長く不倫関係にあるような知人を見れば多くの場合に、打ち明ける友人を厳選し、口止めをして、口を出されそうな余計な情報は耳に入れないという意識があるようであった。不倫はよくない、という主張は口にするのに労力がいらないのに対して、不倫もアリという論理はディベートでは圧倒的不利なのだ。

稀に既婚男性がちょうど良い、と言ってあえて既婚者との恋愛に活路を見出そうとする人もいるが、多くの場合は既婚者と付き合ってるけど本音を言えば既婚じゃない方がよかった、でも彼のことを好きになっちゃった、という流れで不倫に足を踏み入れている。そもそも正しいと判断して進んだ道ではないゆえに、よくないよ、と言われても、わかってますとしか返しようがない。わかっていてもできないことというのは人の人生で意外と多くて、わかっていることを長く指摘されると、もうその友人に会うことの方が面倒、という恋愛熱にかまけて大変間違った方向に突進していく方も多数。会わなくなったり本当のことを話さなくなったりするという点では不倫は友人をなくす、という言葉もあながち嘘とも言えないのである。

別に多くの人の反対を押し切った事業が未来を切り拓いたという歴史はたくさんあるし、当初は人に蔑まれていた行為がのちに市民権を獲得していくということもたくさんあるが、おそらく今不倫に否定的な人々が何かのきっかけ、たとえば不倫中のタレントがオスカーを取るとか、海外から価値観が輸入されるとかいうきっかけでガラッと変わることはない。多分。しかも、周囲の反対を押し切って歴史を変えた人は、リンカーン(75)にせよニジンスキー(76)にせよ強い信念や美学を持っていたわけで、不倫は文化と答えたあのトレンディハンサムは

(75) 奴隷解放の父の矛盾や葛藤は、2013年公開のスティーブン・スピルバーグ監督映画でよく描かれている

(76) 古典バレエの「見せ場」を排除した「牧神の午後」の振り付けは、当初大きな反響を呼んだ

別として、多くの場合に強い信念ではなく運命のイタズラで陥っているラブ・アフェアが世界を変えることはない。

その意味では、長期にわたって友人に相談できず、陰でやめた方がいいのにねと噂され、モテないから？　とか言われる孤独を引き受けない限りは、あまり適した選択肢とは言えないのかもしれない。ちなみに逆バージョン、つまり女性が既婚のダブル不倫や既婚女性と未婚男性の不倫では、既婚妻は強い意志を持って恋愛しているのでもっと誇り高く、また周囲も止めないどころか多くの彼氏持ちママ女子会で盛り上がっているのでそんなに孤独ではなく、友人をなくす気配もない。

終章　この結婚社会の片隅で

二〇二四年四月、衆院補選に出馬した「五体不満足」のハンサム作家によるX投稿などを追っていると、未だ七年前の彼の不倫報道に関する文句や批判、罵詈雑言に近い悪態などがとてもたくさん目に入ってきた。そのうちのどれくらいが単に彼の政治主張などが嫌いな人による過去の材料を使った攻撃で、どれくらいが本気で彼の恋愛姿勢や結婚観に怒りを燃やし続けている人の言葉なのかはよくわからない。それでも、少なくともそれが攻撃材料になり得ると判断する人の多さには少々面食らった。

不倫報道やそれに端を発するバッシング、そして活動自粛や時には議員辞職、出馬取りやめなどについて長らく私が懐疑的であることの一つの理由は、私自身がずっと独身で結婚制度からある意味であぶれた存在であることだと思ってきた。結婚制度の内側に入ったことがないからこそ、不倫の悍ましさへの憎しみが理解できず、結婚制度に則っている人に対する自分では意識しない小さなやっかみのようなものによってバッシングに乗れないのかもしれないと感じていた。

不倫をした夫や妻に対する世間の批判が、多くの場合にその結婚相手に同情的でその傷を代弁するようなものが多いことも、そう感じることの要因だった。つい不倫をした側――結婚しているのに外に恋愛や性的関係を求めた側や、相手が既婚だと知って恋愛や性的関係を紡いだ側に少し肩入れしてしまうのも、どこかに結婚制度にちょっとした唾を吐きかけるような、結婚なんて大したものではないと信じたいような気持ちがあるのではないか。そう思っていた。だからどこか不倫にそこまで否定的ではない自分の感覚も大して信用はしていなかった。この本を企画した際、私は不倫に対して罵詈雑言を連ねてしまうほどの結婚の魔力とそれを理解できない自分の感覚を隔てる大きな壁の一つに既婚か否か、結婚制度に肯定的か否かがあると感じていた。

はたして衆院補選を眺めていた私は、ほんの一ヶ月前に結婚をして既婚者となっていた。せっかくなのでＳＮＳ上に表れる不倫をネタにした攻撃に少しは感じ入るところがあるのか否か、自分自身に問うてみたい気分でもあった。自らも結婚制度に乗っかった結果、結婚を守り、不倫を攻撃する振る舞い、他者の不倫であっても自らの立場を揺るがすものかのように忌み嫌う気分というのがわかったかといえば、答えはイエス＆ノーだ。

結婚をしてみると、それまで一度も制限されたことのなかった自分の性的営みや恋愛に多少のロックがかかるような感覚はわかったし、一部の不倫は思っていたより「重み」のあるものだというのは何となく理解できるようになった。それはする側にとってもされる側にとっても。家族を維持したまま別の人と恋愛したりセックスしたりするのは面倒で、消耗するだろうし、結婚相手に気遣いながらそんなことをする余裕を確保しようとするなら時間的・身体的な負担も大きい。しかしだからこそ、そのような障壁を超えてまでそれを必要とする者、必要となる時期があるのかもしれないとも思う。自分の時間や愛していた人の心を削るような行為をしてまで、息継ぎが必要な場合があるのではないか。そのような切実さによって紡がれた関係を簡単に批判できるほど誰もが原理主義的であれば最初から話はシンプルなのだ。

体をガリガリ削っていくような不倫生活の中で、どうしてこんなことを続けなければならないのか不審に思いながら、私は自分の欲望などとは遠くかけ離れた原理で行動していたようにしか思えない。しなければならない育児、しなければならない家事、しなければならない仕事、それと並んでしなければならない不倫、でしかなかったような気がするのだ。

金原ひとみ『デクリネゾン』

それではそのような自分も結婚相手も、そして不倫相手も消耗するような関係を必要とするほど、個人を追い詰める結婚制度とは一体何なのかと問いたくなる。恋愛結婚の比率がたかだか二〇％に過ぎなかった戦後間もない一九四〇年代に結婚に介在する意思は当事者二人のものに限定されるわけではなかっただろうが、それに比べて、それが九割に届こうという現在、二人の自由恋愛と自由意志による結婚が正義とされているのであれば、それはすなわちしないでも全然いい、ということに他ならないはずだ。結婚なんてしなければ不倫でバッシングされることも活動自粛で仕事の機会を失うこともない。自分の恋愛がその恋愛相手以外の周囲をむやみに傷つけることもなく、一緒にいたいと思う人を特に何かの制限やしがらみに捉われず毎晩純粋に選ぶことができるし、それに対して誰に後ろめたさを感じる必要もない。

ましてや欧州や米国のように、パーティーに参加するのにパートナーを伴わないとちょっと気まずい、というほどのカップル文化がないので、日本はシングルが比較的暮らしやすい場所とすら思う。観光地で家族づれ以上に目立つのは友人同士らしい女性二人づれやグループだし、居酒屋では女同士や仕事仲間らしい男性グループが談笑している。それに融通の利かない戸籍制度のせいで同性婚はおろか夫婦別姓すら遅々として実現しておらず、このようなリジッドな結婚制度であれば、こちらから捨ててしまえばいいような気もする。『不倫の惑星』のドラッカーマンも、「日本はシングルベッドの国」と言っていたし、思えばホテルもツインルームが多い。強烈なダブルベッドの国よりはるかに一対一のマッチングへのこだわりが稀薄なのは、カップルよりも「イエ」を中心とした結婚の意識が残っているからだろうが、それならば結婚制度解体は容易いのかもしれない。

確かに社会保障の類は男女のカップルと子供のいる家族像を前提としているし、病気になったり死んだりした場合には婚姻関係にない者同士が互いの面倒を見るのは何かと困難だ。ただそれも、本気でみんなが結婚制度を捨ててしまえば重い石も動かざるを得ないような気もする。むしろ私自身、中学高校の頃にどうしても自分が結婚するイメージが持てなかったものの、私が三十歳になる頃にはおそらく結婚は制度としてもっと廃れ、よほど伝統を愛する人なんかが稀に選ぶ形になっているのではないかと思っていて、だからこそいつまでもあまり具体的な結婚意識が育たなかった。実際、その後知り合ったベルギー人やオランダ人の一部には、少なくとも若い人はそういう選択をしなくなっている、と結婚制度の衰退について語っている者もいた。

ただそのようなことを言えば、恋愛だって最初からしなければ傷つくこともないし、誰かを無駄に傷つけることも、辛いのに言わなければいけない言葉を吐くことも、誰かに嫉妬して狂うほど悔しい気持ちになることもない。それでも人はどうしたって誰かに他の誰かとは違う感情を抱き、その人と特別な関係を紡ぎたいと夢想し、他の誰かとは違う扱いを強く望み、その人以外と似たような関係を持つのは不可能と感じ、それが手に入らなければあらゆる成功や富が無意味に思えるほど満たされない。

そして戦後急速に増加した恋愛結婚という慣習によって、どうしたって結婚を恋愛のゴールと見紛うようになってしまったわけで、それはつまり多くの人の大きな関心事である恋愛の一部に結婚制度が組み込まれていることを意味する。恋愛における行き場のない不安や言い表せないほどの愛しさに、とりあえず行き場と表現を与えるものとして結婚が採用されている限り、のぼせ上がったり憔悴したり舞い上がったり追い詰められたりした人々は結婚に何かしらを求め続ける気がする。それがどんなに、恋愛のままならなさと伝統や制度の猥雑さの両方を飲み込んだ、厄介極まりない代物だったとしても。実際私もそのようにして結婚したし、結婚を口にされることの救いが絶対にあったし、結婚するしかないような気分でもあった。

とはいえ恋愛感情のように起伏の激しいものを当てにして選びとるその関係

は当然、時間の経過とともに変化していくのが自然であるし、人の気分や欲望や衝動が、社会を円滑に動かすための便宜的なユニットの中に収まるわけがないし、結婚したからといって恋愛における不安や不足が緩和されるわけでもないし、むしろ簡単に抜け出せないような関係の不自由さとそれでも埋まらない孤独の狭間で長く苦しむ可能性だって大いにある。だからこそ、何かしら切実な理由をもって、結婚の形を変えたり、結婚の外に魂を逃したり、結婚から脱却したりしながら、人は愛や生殖や責任や社会生活と、自我や欲望とのバランスを取ろうともがくのかもしれない。

結婚が恋愛の帰結のように捉えられるのであれば、恋愛がそうであるように結婚もまた人を傷つけないようにはできていないのだろう。だからいつも誰かが、あるいは全員が傷つき、悲しみや怒りを募らせながらも、何とか制度に則った関係を維持したり、決定的な傷を避けたりするために、何かしら最低限の規律を自分に課しつつ、自分の衝動や欲求を逃す術を探しているようにも思える。

それでも父は最後まで彼女の名前を口にはしなくて、その具体性がなによりも私たちを決定的に傷つけることを、もしかしたらわかっていたのかもしれない。

島本理生『あなたの愛人の名前は』

八年ほど前に「文春砲」や「ゲス不倫」がユーキャンの新語・流行語にノミネートされた頃から、おそらく単にセックスや恋愛について書いていそうな印象からか、不倫絡みのコラムやエッセイの執筆依頼が増え、そのせいか既婚女性の恋愛などを描くフィクションの書評や映画評の話をもらうことが多くなった。当時の私は結婚とは無縁の生活で、あり得るとしたら既婚男性との恋愛くらいで、不倫をされたり、自分が既婚の立場でそういう恋愛を求めるわけではなかったので、ちょっと私に聞かれてもと思いながら、不倫について考える機会は自ずと多くなっていった。

「愛人やせいぜい家族の愚痴を聞くホステスの立場からしか不倫や結婚を語る資格はありませんが」「外からしか見えないものもあると思って語るしかないですが」と枕詞をつけて色々と書いてきた、この本はその集大成のような位置付けで、かつて『ニッポンのおじさん』という、それこそ気ままな独身女が、自分とは決定的な意味では交わっていない男の陰口を好き勝手言う本を一緒に作った編集者の井上晶子氏と企画した。彼女の聡明さや仕事の手間を惜しまない優秀さ、そしてひと添えの愛され力があれば、この嫌われもののようなテーマであっても愛されるような本ができるかもしれないと思った。お互い独身で、不倫経験や妻の愚痴を聞く水商売の経験ありで、結婚願望も稀薄だったので、多少は結婚制度に疑問を投げかけたいという気分も共有していたと思うし、そこには若い時分には結婚におよそ関係のないような顔をしておきながら行き遅れと揶揄されるような年齢の前にさっさと結婚していった友人たちへの小さな不満が少なくとも私にはあった気がする。不倫に対して絶対的に否定というような態度を取らないのも、結婚制度を絶対視するような立場に対するアンチテーゼの意味がなかったとは言わない。

不倫を描くフィクションを振り返り、不倫について考え、ひいては結婚制度の魅力や限界について考えているうちに、いつの間にか私も晶子氏も既婚者となっていたのは予想外だったが、それでも結婚に窒息するくらいなら、どこか息をする場所を見つけようとする者たち、かつて何かしら燃え上がったり夢見たりふるえるような幸福を与えてくれたりした結婚というものに、いつしか苦しめられたり窮屈な思いをさせられたりしている者たちへの感じ入る気分と愛情は途絶えていない。結婚の綻びを補うように、不本意にも醸成されてきた不倫という文化やその逡巡、その甘美を、結婚当事者となった今でも考え続けている。結婚をはじめとする無理のある制度に窒息しそうな人たちに空気が届くことを願うと同時に、不倫に苦しめられている人たちの痛みが和らぐように祈る気持ちも全くの嘘ではなくそこにある。それは矛盾しながら共存する、私たちの想いだ。

過去に書いたコラムやエッセイを大幅に加筆修正しながら書き下ろした本書の作成にあたり、いつも会社を抜け出してタッグを組んでくれる井上晶子氏の他、実は十年前に『身体を売ったらサヨウナラ』の連載時、少しだけ絡んでいた志摩俊太朗氏、ズレ続けたスケジュールの中で見離さずにお付き合いくださった平凡社の岸本洋和氏に大変お世話になりました。どのような恋、結婚、不倫の渦中にいらっしゃるかは私の詮索すべきところではありませんが、傷ついたり疲弊したりすることがあっても、昇天するくらい幸福な瞬間が今も皆様の生活にありますよう祈っています。

二〇二四年七月

鈴木涼美

参考文献一覧

・パメラ・ドラッカーマン（佐竹史子訳）『不倫の惑星――世界各国、情事のマナー』（早川書房、2008年）
・森川友義『大人の「不倫学」――不貞の恋の現実（リアル）を覗き見る』（宝島社、2016年）
・石島亜由美『妾と愛人のフェミニズム――近・現代の一夫一婦の裏面史』（青弓社、2023年）
・植島啓司「官能教育――私たちは愛とセックスをいかに教えられてきたか」（幻冬舎新書、2013年）
・渡辺淳一『失楽園』（講談社、1997年）
・ギュスターヴ・フローベール（芳川泰久訳）『ボヴァリー夫人』（新潮文庫、2015年）
・有吉佐和子『不信のとき』（新潮社、1968年）
・ジャック・アタリ、ステファニー・ボンヴィシニ（大塚宏子訳、樺山紘一日本語版監修）『図説「愛」の歴史』（原書房、2009年）
・勝新太郎・中村玉緒対談「離婚を考えるヒマもない」／「文藝春秋」（1994年2月号）
・中村玉緒「一周忌を前に初めて打ちあける　パパ勝新太郎最期の病室――それは、2人きり夫婦水いらずの時間でした」／「文藝春秋」（1998年7月号）
・宮城まり子「淳之介さんのドビュッシイ前奏曲」／「文藝春秋」（1994年10月号）
・瀬戸内寂聴・井上荒野対談「父の愛人に娘が会いに行く――『全身小説家』井上光晴の破天荒な生活とは？」／「文藝春秋」（2017年8月号）
・吾妻徳穂「おどり人生愛恋　わたくしの人生はプラス・マイナス・ゼロです――出発を前にして徳穂が語る踊りと男の五十年」／「文藝春秋」（1959年6月号）
・金子恵美『許すチカラ』（集英社新書、2020年）
・D・ヘブディジ（山口淑子訳）『サブカルチャー――スタイルの意味するもの』（未來社、1986年）
・内閣府男女共同参画局「男女共同参画白書　令和4年版」
・国立社会保障・人口問題研究所「第16回（2021年）出生動向基本調査（結婚と出産に関する全国調査）」
・綿矢りさ『嫌いなら呼ぶなよ』（河出書房新社、2022年）
・島尾敏雄『死の棘』（新潮社、1977年）

・山田昌弘・白河桃子『「婚活」時代』（ディスカヴァー携書、２００８年）
・宮台真司『制服少女たちの選択』（講談社、１９９４年）
・川端康成『美しさと哀しみと』（中央公論社、１９６５年）
・金原ひとみ『アタラクシア』（集英社、２０１９年）
・金原ひとみ『デクリネゾン』（ホーム社、２０２２年）
・金原ひとみ『腹を空かせた勇者ども』（河出書房新社、２０２３年）
・島本理生『憐憫』（朝日新聞出版、２０２２年）
・綿矢りさ『パッキパキ北京』（集英社、２０２３年）
・トルストイ（木村浩訳）『アンナ・カレーニナ』上・下巻（新潮文庫、１９９８年）
・ロバート・ジェームズ・ウォラー（村松潔訳）『マディソン郡の橋』（文藝春秋、１９９３年）
・フィツジェラルド（野崎孝訳）『グレート・ギャツビー』（新潮文庫、１９７４年）
・林真理子『不機嫌な果実』（文藝春秋、１９９６年）
・渡辺淳一『愛の流刑地』（幻冬舎、２００６年）
・デュマ・フィス（新庄嘉章訳）『椿姫』（新潮文庫、１９５０年）
・林芙美子『浮雲』（新潮文庫、２００３年）
・梁石日『血と骨』（幻冬舎、１９９８年）
・島本理生『あなたの愛人の名前は』（集英社、２０１８年）

歌詞引用楽曲一覧　「歌ネット」uta-net.comより引用

・「Everything（It's you）」Mr.Children（作詞・作曲：桜井和寿）
・「俺らの家まで」長渕剛（作詞・作曲：長渕剛）
・「ここでキスして。」椎名林檎（作詞・作曲：椎名林檎）
・「嵐の素顔」工藤静香（作詞：三浦徳子・作曲：後藤次利）
・「あぁ」大黒摩季（作詞・作曲：大黒摩季）

初出

本書は、左記の記事を改稿し、新たに大幅な書き下ろしを加えたものです。

・「日刊SPA!」nikkan-spa.jp〔おじさんメモリアル〕２０１７年11月17日掲載
・「DIAMOND ONLINE」diamond.jp　２０２０年６月23日／２０２０年12月13日掲載
・「FRaU web」gendai.media　２０１７年５月12日掲載
・「文春オンライン」bunshun.jp
〔不倫の品格〕２０１８年12月２日／２０１９年１月28日／２０１９年４月５日掲載
〔その他〕２０１７年７月24日／２０１９年２月26日掲載
・「幻冬舎plus」gentosha.jp
〔夜のオネエサン＠文化系〕２０２０年５月１日／２０２２年９月23日／２０２３年３月10日掲載
・「GQ JAPAN」（プレジデント社）２０２１年４月号
・「ELLE ONLINE」elle.com/jp
〔鈴木涼美のコラム連載〕２０２１年５月18日／２０２１年８月24日掲載

鈴木涼美（すずき・すずみ）

1983年東京都生まれ。慶應義塾大学環境情報学部卒業、東京大学大学院学際情報学府修士課程修了。日本経済新聞社に入社、記者職を経たのち執筆家・作家として活動。小説「ギフテッド」（文學界）が第167回芥川賞候補、「グレイスレス」（文學界）が第168回芥川賞候補、『YUKARI』（徳間書店）が第37回三島由紀夫賞候補となる。著書に『身体を売ったらサヨウナラ』（幻冬舎）、『ニッポンのおじさん』（KADOKAWA）、『往復書簡　限界から始まる』（上野千鶴子との共著／幻冬舎）、『娼婦の本棚』（中央公論新社）、『「AV女優」の社会学　増補新版』（青土社）、『浮き身』（新潮社）、『トラディション』（講談社）などがある。

【お問い合わせ】本書の内容に関するお問い合わせは弊社お問い合わせフォームをご利用ください。
https://www.heibonsha.co.jp/contact/

不倫論

この生きづらい世界で愛について考えるために

発行日――――2024年9月20日　初版第1刷

著　者――――鈴木涼美
発行者――――下中順平
発行所――――株式会社平凡社
〒101-0051　東京都千代田区神田神保町3-29
電話　03-3230-6573［営業］
ホームページ　https://www.heibonsha.co.jp/
装　幀――――松田行正＋杉本聖士
装　画――――ティツィアーノ・ヴェチェッリオ「鏡の前の女」
印　刷――――株式会社東京印書館
製　本――――大口製本印刷株式会社

ISBN 978-4-582-83969-2

落丁・乱丁本のお取り替えは小社読者サービス係まで直接お送りください（送料は小社で負担いたします）。